Adolf Bernhard Meyer

Unser Auer-, Rackel- und Birkwild und seine Abarten

Adolf Bernhard Meyer

Unser Auer-, Rackel- und Birkwild und seine Abarten

ISBN/EAN: 9783743303867

Hergestellt in Europa, USA, Kanada, Australien, Japan

Cover: Foto ©Andreas Hilbeck / pixelio.de

Weitere Bücher finden Sie auf **www.hansebooks.com**

UNSER

AUER-, RACKEL- UND BIRKWILD

UND SEINE ABARTEN

VON

DR. A. B. MEYER

HOFRATH, DIRECTOR DES K. ZOOLOGISCHEN UND ANTHROPOLOGISCH - ETHNOGRAPHISCHEN MUSEUMS ZU DRESDEN, EHREN-, AUSWÄRTIGEM UND
CORRESPONDIRENDEN MITGLIEDE ZOOLOGISCHER, ORNITHOLOGISCHER, ANTHROPOLOGISCHER, ETHNOGRAPHISCHER, GEOGRAPHISCHER ETC.
GESELLSCHAFTEN IN AMSTERDAM, BATAVIA, CALCUTTA, DRESDEN, FLORENZ, FRANKFURT A. M., HAAG, HAMBURG, LONDON, MANILA, MOSKAU, NEW YORK,
PARIS, ROVEREDO, SAMARANG, STOCKHOLM, WASHINGTON, WIEN ETC.

MIT EINEM ATLAS VON 17 COLORIRTEN TAFELN.

WIEN

VERLAG VON ADOLPH W. KÜNAST

K. K. HOF- UND KAMMERBUCHHÄNDLER SR. K. UND K. HOHEIT DES DURCHLAUCHTIGSTEN KRONPRINZEN ERZHERZOG RUDOLF

1887.

Liste der Subscribenten.

Seine Majestät Franz Joseph I., Kaiser von Oesterreich, Apostol. König von Ungarn.
Seine Majestät Wilhelm I., Deutscher Kaiser und König von Preussen.
Seine Majestät Alexander III., Kaiser von Russland.
Seine Majestät Albert, König von Sachsen.
Seine Majestät Oscar II., König von Schweden und Norwegen.
Seine Majestät Karl I., König von Rumänien.
Seine Majestät Milan I., König von Serbien.
Seine königliche Hoheit Luitpold, Prinzregent von Bayern.
Seine königliche Hoheit Friedrich, Grossherzog von Baden.
Seine königliche Hoheit Ludwig IV., Grossherzog von Hessen.
Seine königliche Hoheit Peter, Grossherzog von Oldenburg.
Seine königliche Hoheit Friedrich Franz, Grossherzog von Mecklenburg-Schwerin.
Seine Hoheit Georg II., Herzog von Sachsen-Meiningen und Hildburghausen.
Seine Hoheit Ernst, Herzog von Sachsen-Altenburg, Herzog zu Sachsen.
Seine Hoheit Ernst, Herzog von Sachsen-Coburg und Gotha.
Seine Durchlaucht Heinrich XIV., Fürst Reuss Jüngere Linie.
Seine Durchlaucht Adolf, Fürst zu Schaumburg-Lippe.

S. k. und k. Hoheit Franz Ferdinand, Erzherzog von Este.
S. k. und k. Hoheit Grossherzog von Toscana.
S. k. Hoheit Prinz Georg, Herzog zu Sachsen.
S. k. H. Prinz Wilhelm, Kronprinz von Preussen.
S. k. H. Prinz Christian von Schleswig-Holstein.
S. k. H. Ernst August, Herzog von Cumberland.
Seine Hoheit Adolf, Herzog von Nassau.
S. H. Prinz Philipp von Sachsen-Coburg und Gotha.
S. H. Prinz Ferdinand von Sachsen-Coburg und Gotha.
S. k. Hoheit Prinz Friedrich Leopold von Preussen.
Die Akademie der Wissenschaften in St. Petersburg.
Die Zoological Society in London.
Herr Dr. Julius von Madarász in Budapest.
Herr Lieutenant Paul Riebeck in Halle a. S.
Das königliche Zoologische Museum in Dresden.
Herr Josef Edler von Schroll jr. in Wien.
Das Musée d'Histoire naturelle in Paris.

S. D. Erbprinz von Ratibor in Rauden, Schlesien.
Herr Baron von Krüdener, Wohlfahrtslinde, Livland.
Das British Museum, Zoological Depart., London.
Herr Generalarzt Prof. Dr. von Esmarch in Kiel.
Herr Dr. W. Wurm in Bad Teinach, Würtemberg.
S. E. Graf Erbach in Erbach, Hessen-Darmstadt.
Herr A. Bachofen von Echt in Nussdorf bei Wien.
S. E. Graf Wladimir Dzieduszicki, Lemberg, Galizien.
Herr Friedrich Reichsfreiherr von Dalberg in Wien.
Herr Bernard Quaritch, Buchhändler in London.
Seine Hoheit Prinz Roland Bonaparte in Paris.
Die k. Forstakademie in Hannöversch Münden.
S. H. Rajah Sourindro Mohun Tagore in Calcutta.
Herr Baron Edm. de Selys-Longchamps in Lüttich.
Das Musée Royal d'Histoire naturelle in Brüssel.
Das Museum des Königreiches Böhmen in Prag.
Lord Thomas Lyttleton Lilford, Oundle, England.

Herr Oscar Wolschke in Annaberg, Sachsen.
Das National-Museum in Agram, Kroatien.
S. E. Graf Ernst Waldstein-Wartemberg in Prag.
Herr R. Eder in Neustadtl b. Friedland, Böhmen.
Herr O. Klinger in Neustadtl b. Friedland, Böhmen.
Die University Library in Cambridge, England.
Die Herren Paul M. u. Anton Wiebke in Hamburg.
Die Herren R. Friedlaender u. Sohn, Buchh. in Berlin.
S. D. Fürst zu Salm-Salm in Anholt, Westphalen.
Herr Hugo Thonet in Wien.
Herr Emil Geiger in Pforzheim, Baden.
Die Hirt'sche Sort.- und Hofbuchhandlung in Breslau.
Herr G. Neugebauer, k. k. Hofbuchhändler in Prag.
S. D. Fürst zu Fürstenberg in Donaueschingen, Baden.
Herr C. Kralik R. von Meyerswalde in Adolf, Böhmen.
Herr Fr. Freiherr v. Ringhoffer in Smichow bei Prag.
Das Museum of Science and Art in Edinburg.
Die Naturforschende Gesellschaft zu Görlitz, Schles.
Herr Kühne auf Schloss Wachau bei Radeberg, Sachsen.
Herr Wilhelm Vorwerk in Hamburg.
Herr Reichsgraf v. Schaffgotsch in Warmbrunn, Schles.
Herr Edward Henry Graf von Derby in London.
Das Zoologische Museum der Universität Moskau.
Die kgl. Universitäts-Bibliothek in Copenhagen.
Die Herren Gerold & Co., Buchhändler in Wien.
Herr Geh. Commerzienrath v. Hansemann in Berlin.
Seine Durchlaucht Prinz Josef Rohan in Wien.
Herr Geheimrath Prof. Dr. Winckel in München.
Das k. k. Naturhistorische Hofmuseum in Wien.
Herr Professor B. Altum in Eberswalde, Preussen.
Das Zoologische Institut der Universität Leipzig.
S. D. Fürst zu Schwarzenberg, Frauenberg, Böhmen.
Die Herren Dulau & Co., Buchhändler in London.
Seine Excellenz Julius Graf von Falkenhayn in Wien.
Die Bibliothek des k. k. Ackerbau-Ministeriums, Wien.
Herr Bruno Seele in Dresden.

Mrs. Harvie Brown in Dunipace, Schottland.
Die k. Akademie der Wissenschaften in Stockholm.
S. E. Herr W. S. C. von Lüttichau in Dresden.
Herr Emil Richter, Kunsthändler in Dresden.
Die Herren Trübner & Co., Buchh. in London.
Herr Graf Xavier Branicki in Warschau.
Herr A. Ernst, Kunsthändler in Dresden.
Das Zoologische Museum in München.
Das Zoologische Institut in Königsberg.
Die Universitäts-Bibliothek in Breslau.
Die königliche öffentliche Bibliothek in Stuttgart.
Die Radcliffe Library, Museum in Oxford.
S. E. von Meyerinck in Gross-Peternitz, Schlesien.
Seine Durchlaucht Fürst Sulkowski in Wien.
Herr M. Perles, Buchhandlung in Wien.
Die Fritz'sche Hofbuchhandlung in Stockholm.
Herr Carl von Sprenger, Rittergutsbesitzer in Nassow.
Herr A. van Kempen in Saint-Omer, Frankreich.
S. D. Fürst von Thurn und Taxis in Regensburg.
S. D. Fürst von Waldburg-Wolfegg in Waldburg.
Die k. k. Hof-Bibliothek in Wien.
Herr Carl Schreiner jr. in Graz.
Die Schulthes'sche Buchhandlung in Zürich.
Herr E. W. Harcourt, Abingdon, England.
Seine Gnaden der Herzog von Hamilton in London.
Herr Graf Béla Széchenyi in Gross-Zinkendorf.
S. k. Hoheit Graf von Flandern in Brüssel.
Die Frick'sche Buchhandlung in Wien.
Die k. k. Universitäts-Bibliothek in Wien.
S. D. Hugo, Fürst zu Hohenlohe in Slawentzitz.
Herr Graf Tassilo Festetics in Wien.
Herr Graf Des Fours in Wien.
S. D. Prinz Franz von Liechtenstein in Wien.
Herr Stabsarzt Stransky in Wien.
Seine Durchlaucht Fürst Camill Rohan in Prag.
Herr Graf v. Arnim, Schloss Muskau, Ober-Lausitz.

Die Namen obiger Liste sind in der Reihenfolge der Subscriptions-Anmeldungen aufgeführt.

Vorwort.

Nachdem der durchlauchtigste Kronprinz Erzherzog Rudolf im Jahre 1879 gelegentlich eines Besuches des Dresdner Zoologischen Museums und in Folge durch diesen Besuch veranlasste Zusendungen den hier vorhandenen eigenen und deponirten Bestand an Auer-, Rackel- und Birkwild genau kennen gelernt hatte, äusserte Seine Kaiserliche Hoheit Sich in einer an mich gerichteten Zuschrift dd. Prag, den 15. Juni 1882 folgendermaassen:

„. . . Vor Allem muss ich Sie wirklich im Interesse der Wissenschaft bitten, das ganze so grosse Material, welches nun zu Ihrer Verfügung steht, womöglich nicht in einem Journal, sondern als eigenes Werk selbst zu bearbeiten und gemalte Bilder von jedem Exemplar anfertigen zu lassen . . . Ich glaube, eine gründliche Arbeit in dieser Angelegenheit aus Ihrer Feder stammend, würde viel Licht in die so schwierige Rackelhahnfrage bringen . . . Daher sehe ich mit zuversichtlicher Hoffnung und grossen Erwartungen einer solchen Bearbeitung entgegen . . .“

Dass ich nicht vor dem Verlauf von 5 Jahren meiner Pflicht nachkam, hat seinen Grund einerseits in dem Umstande, dass es mir erst im Jahre 1884, zur Zeit des von Kronprinz Rudolf berufenen internationalen ornithologischen Congresses in Wien gelang, in dem k. k. Hofbuchhändler Herrn Adolph W. Künast daselbst einen opferbereiten Verleger zu finden, und andererseits darin, dass die künstlerische Herstellung der Abbildungen eine so lange Zeit in Anspruch genommen hat.

Wenn ich dem ersten Theile der mir gewordenen Aufgabe: „ein eigenes Werk mit gemalten Bildern jedes Exemplares“ herauszugeben, auch in so weit zu genügen suchte, dass ich wenigstens den wichtigsten Theil des mir zur Verfügung stehenden Materials abbilden liess — die Kosten wären bei dem beschränkten Absatz, welchen derartige Werke finden, zu gross geworden, wenn ich, wie ich es gern gethan haben würde, die Zahl der Tafeln verdoppelt hätte —, so bin ich mir doch bewusst, dass ich die in mich gestellten Erwartungen nicht in vollem Maasse erfüllt haben werde. Zwar dürfte es mir, wie ich hoffe, nicht misslungen sein, unsere Kenntniss auf diesem Gebiete ein wenig zu fördern, allein es ist mir keinenfalls geglückt: „in die so schwierige Rackelhahnfrage viel Licht zu bringen.“ Ich habe auf Seite 67 meines Werkes hervorgehoben, dass alle von Kronprinz Rudolf im Jahre 1880 klar aufgestellten Probleme in der Rackelhahnfrage eigentlich heute noch unbeantwortet, wenigstens nicht mit Sicherheit beantwortet sind. Die Unzulänglichkeit meiner Leistung ist mir daher selbst sehr wohl bekannt.

Die Abbildungen, von Herrn G. Mützel auf Stein gezeichnet und in Aquarell gemalt, tragen vielleicht jene Mängel, welche allen bildlichen Darstellungen anhaften, die sich unterfangen, wissenschaftliche und künstlerische Aufgaben zu gleicher Zeit lösen zu wollen, allein im Grossen und Ganzen wird ihnen Niemand volle Anerkennung versagen, wie sie sich denn, meiner Ansicht nach, den vorhandenen Mustern gleichwerthig an die Seite stellen, wenn sie dieselben nicht hier und da übertreffen. Dennoch wäre es mir nicht möglich gewesen, das Gebotene vorzulegen, wenn ich nicht in Herrn M. Schneider, dem Leiter der Colorir-Abtheilung in der Kunstanstalt von Wilhelm Hoffmann in Dresden, eine Kraft zur Verfügung gehabt hätte, welche mit Erfolg bestrebt war, durch das Handcolorit dem künstlerischen Originale nahe und gleich zu kommen.

Für Unterstützung während meiner Arbeit durch Darleihung von Material bin ich, wie aus dem Texte hervorgeht, vor Allem dem durchlauchtigsten Kronprinzen Erzherzog Rudolf zu tiefstem Danke verpflichtet, wie auch dafür, dass Seine Kaiserliche Hoheit das Fortschreiten des Werkes mit wohlwollendem Interesse verfolgte. Allein ohne Beihülfe von vielen Seiten wäre das mir in Dresden zur Verfügung stehende Material, so gut es ist, ungenügend gewesen, und es gereicht mir daher zur besonderen Ehre, allen Denen, welche mich in liberaler Weise durch Uebersendung von Exemplaren unterstützten, meinen verbindlichsten Dank auch an dieser Stelle ausdrücken zu können, und zwar vor Allen Seiner Hoheit dem Prinzen Philipp von Sachsen-Coburg-Gotha in Wien, ferner Seiner Excellenz dem Herrn Grafen Waldstein in Hirschberg, Böhmen, Herrn Baron von Krüdener auf Wohlfahrtslinde in Livland, Herrn Professor Collett vom Museum in Christiania, Herrn Custos Deschmann vom Museum in Laibach, Herrn Director Largnier vom Museum in Lausanne, Herrn Professor Bogdanow vom Universitätsmuseum in St. Petersburg, Herrn Professor Fritsch vom Museum in Prag, Herrn H. E. Dresser in London, Herrn Robert Eder in Neustadtl bei Friedland in Böhmen, Herrn K. G. Henke in Saupsdorf, Sachsen (z. Z. in Dresden), Herrn Dr. Schindler in München, den Herren Paul M. und Anton Wiebke in Hamburg, Herrn Oscar Wolschke in Annaberg, Sachsen, und allen jenen Herren, welche mich, wie aus meiner Darstellung erhellen wird, durch Auskünfte und Meinungsaustausch belehrten. Mein besonderer Dank endlich gebührt Herrn Henke, welcher mir nicht nur mit seinem kritischen Urtheil zur Seite stand, sondern sich auch der mühsamen Aufgabe unterzog, die exacte Durchführung der Tafelcolorirung mit zu überwachen, damit die Farben der Abbildungen möglichst denen der Originalexemplare gleichen.

Königl. Zoologisches Museum.
Dresden, den 14. Juli 1887.   Der Verfasser.

Inhalt.

TAFEL I.
Auerwild verschiedenen Alters.
Tetrao urogallus L.

Da es nicht meine Absicht war, bereits Bekanntes breit zu wiederholen und gut Abgebildetes nochmals abzubilden, und ich ausserdem meinem Werke keinen zu grossen Umfang geben durfte, so habe ich dem normalen erwachsenen Auerwild keine Tafel für sich gewidmet, sondern mich damit begnügt, Hahn und Henne in circa ein Viertel natürlicher Grösse auf der Tafel „Auerwild verschiedenen Alters" links oben darzustellen. Ich verweise u. A. auf die mehr oder weniger genügenden, sich einander ergänzenden Abbildungen in den bekannten Werken von Nilsson, Naumann, Gould, Sundevall, Elliot und Dresser und bezüglich der Beschreibung hauptsächlich auf Naumann und Wurm, welches letzteren Autor's Werk: „Das Auerwild, dessen Naturgeschichte, Jagd und Hege, eine ornithologische und jagdliche Monographie" (2. Auflage, Wien 1885, 8°, 339 Seiten mit 2 Tafeln) von jedem sich für Auerwild Interessirenden eingesehen werden müsste.

Ganz unterlassen aber wollte ich die Abbildung und kann ich die Beschreibung des normalen erwachsenen Auerwildes nicht, weil dieses zum Verständniss des Rackelwildes, welchem ein bedeutenderer Theil meiner Arbeit gewidmet ist, vorbereiten und dem weniger Kundigen zur Unterlage dienen wird.

Geographische Verbreitung.

Was die geographische Verbreitung des Auerwildes anlangt, so bemerke ich nur im Grossen und Ganzen, dass es in den Gebirgen und grösseren Waldstrecken von Skandinavien, Russland, Deutschland, Oesterreich-Ungarn, der Schweiz, Frankreich, Belgien, Spanien, Ober- und Mittel-Italien und Griechenland mit seinen Inseln zu finden ist, und dass es in Schottland, nach seiner Ausrottung in den sechziger Jahren des vorigen Jahrhunderts, seit den zwanziger Jahren dieses Jahrhunderts wieder eingeführt wurde (zuerst ohne Erfolg, in den dreissiger Jahren aber mit Erfolg), und sich bereits beträchtlich verbreitet hat (siehe das interessante Buch von Harvie-Brown: „The Capercaillie in Scotland". Edinburgh 1879, 8° 155 Seiten mit Karte und Abbildungen); so wurde der Bestand in Taymouth (Perthshire), wohin 1837—1838 48 Vögel aus Schweden gebracht worden waren, im Jahre 1862 bereits auf 1000—2000 Stück geschätzt; bei Dunkeld wurden im Jahre 1865 an einem Tage 36 geschossen, bei Bamff i. J. 1877 an einem Tage 25, bei Dunsinane sah

1

Harvie-Brown an einem Tage circa 30 u. s. w., was den bedeutenden Bestand hinlänglich beweist. Bei Eaux-bonnes in den Pyrenäen erlegten i. J. 1877 drei Jäger an einem Tage 9 von 18 Hähnen. Man schätzte den Auerwildstand in den Leibgehegen Bayerns i. J. 1864 auf 1240 Stück, in den Privat- und Communalforsten Niederschlesiens und der Oberlausitz i. J. 1873 auf 1196 (Wurm). In Oesterreich werden jährlich mehr als 3000 Auerhähne abgeschossen. Nach mir von Herrn Henke gewordener mündlicher Mittheilung kamen in den sechziger Jahren in mancher Saison viele Tausende von Hähnen und Hennen in Archangel auf den Markt zum Verkaufe und zur Ausfuhr von den Wildmärkten zu Pinega her, manchmal in solchen Massen, dass der Preis eines Hahnes auf 15 Kopeken (40 bis 50 Pfennige) sank.

Die Entscheidung darüber, wie weit die Verbreitung von Tetrao urogallus in Asien nach Osten und Süden reicht, hängt davon ab, ob den hier lebenden Formen Artberechtigung zugesprochen wird oder nicht, worauf ich unten zurückkomme. Bogdanow (Conspectus avium imperii rossici, St. Petersburg 1884, p. 25) giebt den Verbreitungsbezirk von Tetrao urogallus in Russland folgendermaassen an: „Les régions du Sapin et de l'Oural, les forêts du Pins dans la région du Tchernozém; toute la Sibérie (excepté le Kamtchatka); Altaï.‟

Auerhahn.

Als kurze Charakteristik des Auerhahnes nach 5 deutschen und russischen Exemplaren im Dresdner Museum möge Folgendes gelten:

Schnabel graugelblich, Streif an der Schneide der Spitze zu viel heller; Oberschnabel manchmal längsgefurcht. Hals blaugrau, schwarzbraun oder schwarz melirt, bei seitlich einfallendem Lichte hell violettgrau glänzend. Kopf mehr oder weniger bräunlicher, Schnabelbefiederung oft dunkler. Bart lang, schwarz mit stahlgrüner Berandung der Federn, wie manchmal auch der vordere Theil des Gesichtes. Brustschild halbmondförmig metallischgrün, blaugrün oder gelbgrün schimmernd je nach der Beleuchtung; Länge circa 10—14, Breite c. 25—30 cm. Die metallischen Federränder erstrecken sich manchmal auf die Bauchfedern; dieser schwarzbraun oder schwarz mit weissen Flecken und Streifen, theilweise fein gesprenkelt. Rücken und Weichenfedern schwarzbraun und graumelirt, letztere mit breiten weissen Enden. Flügel rothbraun bis dunkelkastanienbraun, dunkelmelirt, Schwungfedern fahlbraun, meist ohne Spiegel, die grösseren mit hellen Aussenrändern. Unterflügeldecken und Achselfleck weiss. Stoss und grosse Federn des Oberstosses braunschwarz bis schwarz, manchmal gesprenkelt, mehr oder weniger weiss gefleckt bis auf eine einfarbige, circa 3,5—6 cm breite Endbinde an ersterem, Basis auch ungefleckt; die glänzende Unterseite des Stosses brauner, besonders der Basis zu. Unterstoss braunschwarz bis schwarz mit mehr oder weniger ausgedehnten weissen Endtheilen. Form des Stosses abgerundet. Zahl der Stossfedern 18—20 (nach Wurm: Jagd-Zeitung 1887, 165). Tarsenbefiederung graubraun bis schwarzgrau, bis 6 cm lang, die Federn erreichen manchmal das äusserste Zehenglied. Zehen gefranst (mit Stiften besetzt). Das Gewicht eines Auerhahns soll bis 18 Pfund schwer sein können (nach Dietrich aus dem Winckell: Handbuch für Jäger. 4. Aufl. I, p. 193. 1865).

Die Maasse dieser 5 Exemplare sind die folgenden, denen ich die Maasse von je einem Exemplar Tetrao urogalloides Midd., T. kamtschaticus Kittl. und T. uralensis Sev. u. Menzb. zum Vergleiche beigefügt habe, um mich unten darauf beziehen zu können:

Maasse:

Laufende Nummer	1	2	3	4	5	6	7	8
Art .	urogallus	urogallus	urogallus	urogallus	urogallus	uralensis	urogalloides	kamtschaticus
Fundort.	Archangel	?	Schlesien	Sachsen	Sachsen	Orenburg	Transbaikalien	Kamtschatka
Sammlung oder Eigenthümer	Henke	Mus. Dresden	Mus. Dresden	Mus. Dresden	Mus. Dresden	Mus. Dresden	Mus. Dresden	Mus. Dresden
Nummer des Dresdner Museums u. Abbildung	Tafel I	9128	9132	1410	9129	6623	6504	7962
Flügellänge	40—40.5	41	c. 42	c. 42.5	42	39.5	39.5	38
Länge der äussersten Stossfedern .	26.5	26.5	27	30.5	28.5	25.5—26	25—26	25
Länge der mittleren Stossfedern	31.5	31.5	33	36.5	34.5	31	38	32
Breite der Stossfedern .	6—7.5	7—7.5	6—7.5	7.5—9	7—9	5—8	4—6	4—6.5
Vom Oberstoss unbedeckter Stosstheil.	9	—	9	10	9	9	15	10
Vom Unterstoss unbedeckter Stosstheil	13.5	15	15	16.5	15	13	17	12.5
Schnabellänge in ger. Richtung vom culmen an	6	6	6.3	6.7	6.2	6.6	5	5.7
Länge des Schnabels vom Nasenloch .	3.3	3.2	3.3	3.5	3.45	3.1	2.1	2.3
Länge des unbefiederten Unterschnabels . .	2.1	2.15	2	1.95	2.15	1.9	1.65	1.45
Schnabelbreite vor dem Nasenloch .	2.1	2.1	2.3	2.3	2.4	2.1	1.65	1.65
Oberschnabelhöhe vor dem Nasenloch .	1.75—1.8	1.6	1.8	1.8	1.75	1.75	1.3	1.25
Freie Unterschnabelhöhe. .	—	—	1.3	1.25	1.2	1	0.75	0.85
Gesammthöhe an der Schnabelbasis	3.6	3.2—3.25	—	—	—	c. 3.2	3.1	—
Länge der Tarsen	c. 9	c. 8.5	c. 9	c. 9	c. 9	c. 8	c. 8	c. 8
Länge der Mittelzehe	6.5	7.3	7.15	7.3	6.95	5.95	6.75	5.9
Länge des Nagels der Mittelzehe .	2.3—4	1.7	1.5—1.55	1.5	1.65	1.95	1.75	2.1
Länge der äusseren Zehe	4.35	5.1	4.55	4.55	4.85	4	3.7	4
Länge des Nagels der äusseren Zehe .	1.65	1.4	1.25	1.45	1.25	1.5	1.5	1.4
Länge der Innenzehe .	4.45	5.2	4.7	4.4	4.65	3.7	3.8—4	3.85
Länge des Nagels der inneren Zehe .	1.75	1.6	1.3—1.4	1.2	1.35	1.65	1—1.5	1.35

Hiernach variirt die Flügellänge von 40—42.5 cm, die Länge der äussersten Schwanzfedern von 26.5—30.5, der mittelsten von 31.5—36.5, die grösste Differenz zwischen äussersten und mittelsten Federn beträgt 6 cm, die Länge des unbefiederten Oberschnabels variirt von 3.2—3.5. Im Verhältniss zu der Grösse der Vögel gewiss keine grossen Differenzen.

Auerhenne.

Da auch die Auerhenne genügend bekannt und beschrieben ist (ich verweise u. a. auf Naumann's: Naturgeschichte der Vögel Deutschlands VI, p. 284. 1833), und ich unten, wenn ich von der Rackelhenne handle, auf die praegnanten Unterschiede zwischen dieser und der Auer- und Birkhenne näher eingehen werde, so kann die Abbildung (neben anderen vorhandenen) eine eingehende Beschreibung oder Charakteristik ersetzen. Nur die Abrundung des Stosses will ich erwähnen, da diese auf meiner Abbildung nicht sichtbar ist. Auch an dieser Abrundung, ebenso wie an dem grossen, einfarbigen, mehr oder weniger zimmetbraunen Brustschilde, ist die Auerhenne leicht kenntlich und nicht mit der Birk- oder Rackelhenne zu verwechseln; der Unterschied in der Länge zwischen den äussersten und mittelsten Stossfedern beträgt 1.5—2.5 cm, die Gesammtzahl derselben ist 18.

Individuell variiren bei den Auerhennen die Bindenzeichnung, sowie die Intensität des Rothbraun an den Stossfedern ziemlich stark.

Folgendes sind die Maasse von 5 normalen Auerhennen, von 2 Farben-Varietäten, auf welche letztere ich mich bei der Beschreibung von Tafel II beziehen werde, und von den Hennen des Tetrao uralensis Sev. u. Menzb. und des T. urogalloides Midd., auf welche ich ebenfalls dort zurückkomme.

Laufende Nummer	1	2	3	4	5	6	7	8	9
Art	urogallus	urogallus	urogallus	urogallus	urogallus	urogallus var.	urogallus var.	uralensis	urogalloides
Fundort	Archangel	Sachsen	Schweden	Böhmen ?	Böhmen ?	Archangel	Norwegen	Orenburg	Transbaikalien
Sammlung	Henke	Mus. Dresden	Mus. Dresden	Mus. Dresden	Mus. Dresden	Mus. Dresden	Mus. Christ.	Mus. Dresden	Mus. Dresden
Abbildung u. Nummer d. Dresdn. Mus.	Tafel I.	1409	6449	9131	9130	9126	—	7977	7980
Flügellänge	30	31	30	30	31	29	30.3	31	32.4
Länge der äussersten Stossfedern	16	18.5	18	16	17.5	14.4	17.7	17.5	20.5
Länge der mittelsten Stossfedern	18.5	20	19.5	18	19	16.5	18.2	19.5	25.0
Länge d. unbefiederten Oberschnabels	1.7	2	2	2	2.05	1.65	2.1	1.8	1.6
Länge der Tarsen	6.5	7	6.5	6.5	6.5	6.5	6	6	6.2
Länge der mittleren Zehe mit Nagel	6.3	6.6	6.4	5.7	6	5.6	5.8	6.2	6.1

Die Maasse der normalen Auerhenne variiren also unbedeutend.

Alterskleider des Auerwildes.

Die übrigen auf Tafel I abgebildeten Auerhühner stellen verschiedene Alterskleider dar. Ueber diese handelte der ältere Brehm am ausführlichsten (siehe Chr. L. Brehm: Beiträge zur Vögelkunde 1822, II, p. 608—611); alle späteren Autoren haben ihn nur mehr oder weniger abgeschrieben, bei der Aufzucht des Auerwildes in der Gefangenschaft aber liessen sich die vorhandenen Angaben gewiss weiter präcisiren. Ob des Genannten Unterscheidung von 5 Kleidern (1 Nest- oder Pflaumkleid und 4 Federkleider, inclusive des ausgefärbten) stichhaltig ist, wage ich um so weniger zu beurtheilen, als bei ihm Grössenangaben fehlen. Er sagt nur p. 611: „Wenn der junge Auerhahn die Hälfte seiner Grösse erreicht hat, brechen die Federn des ausgefärbten Kleides hervor . . .“

An den abgebildeten Exemplaren lässt sich die Entwicklung ziemlich gut, wenn auch nicht vollständig verfolgen; ein reines Dunenkleid ganz ohne Federn stand mir nicht zu Gebote, die zwei Jungen rechts zeigen schon Schwingenfedern, welche sich bereits am 3. Tage bemerkbar machen, die zwei in der Mitte besitzen schon ein vorgeschritteneres Federkleid, der grössere Vogel links hat keine Dunenfedern mehr bis auf Andeutungen derselben am After, der grössere Vogel rechts zeigt Uebergänge zum Alterskleide und hat bereits bleibende Federn, welche erst im folgenden Jahre in regelmässiger Mauser erneuert werden. Die beiden letztgenannten sind Männchen aus Archangel (Dresdner Museum No. 8418 und 8417) von den anderen ist das Geschlecht nicht bekannt; im Alter von einem Monate soll man die Hähnchen schon durch einen fingerbreiten dunkelbraunen Streifen über den Kropf herab unterscheiden können. Der grössere Vogel links dürfte ein circa 3 Wochen altes Männchen sein und zeigt Spuren dieser dunklen Färbung.

Die Abbildung der zwei kleinsten Hühnchen ist in natürlicher Grösse, die übrigen vier in zwei Drittel natürlicher Grösse. Bei dem grösseren Vogel links (No. 9133 des Dresdner Museums) beträgt die Flüggellänge 21—22 cm, die Schwanzlänge circa 10 cm, der freie Oberschnabel 1.25 cm; bei dem grösseren Vogel rechts (No. 9134 des Dresdner Museums) Flügel 28, Schwanz 11, Oberstoss 12, Schnabel 1.6 cm.

Eine detaillirte Beschreibung dieser Uebergangskleider halte ich im Hinblick auf die Abbildungen für überflüssig.

Die Saisonkleider, welche nicht wesentlich von einander abweichen, sind genügend beschrieben (siehe z. B. Brehm l. c., p. 611—613 und p. 615—616).

Wanderungen.

Sehr interessante Mittheilungen über Wanderungen der Auerhähne und über den Fang und die Jagd in Norwegen und Schweden macht Lloyd in seinem Werke: The game birds and wild fowl of Sweden and Norway (London 1867), p. 7—14 and 37—79. Bezüglich der Wanderungen will ich nur folgendes daraus anziehen:

Ueber die periodischen Wanderungen des Auerhahns wird in Skandinavien von Naturforschern und Anderen viel speculirt; Einige schreiben ihre Wanderungen ausgedehnten Waldfeuern zu oder grosser Dürre, welche sie von ihren gewohnten Nistplätzen vertreibe; Andere wiederum ungewöhnlich starken Schneestürmen oder extremer Kälte, welche sie veranlasse, sich in geschütztere Gegenden zu begeben. Auch meint man, dass stets mehr Hähne als Hennen zur Welt kommen, und dass die überzähligen daher gezwungen wären, sich anderswo ihre Genossen zu suchen. Es kommt in manchen Jahren, besonders in Nord-Skandinavien, vor, dass grosse Schaaren sich auf die Wanderung begeben, so dass Districte, in welchen sie früher sehr zahlreich waren, nun fast ganz von ihnen entblösst werden, während in anderen, in denen sie früher sehr selten waren, plötzlich grosse Schaaren erscheinen, welche gewöhnlich nur aus Hähnen bestehen. Einige Beobachter meinen, diese Wanderschaaren kämen von weit her und gehörten einer kleineren Rasse an. Unter Anderem sagt man, dass sie bei Nebelwetter manchmal schaarenweise direct seewärts fliegen und dann erschöpft ins Wasser fallen und umkommen; dass sie, in gewissen Richtungen ziehend, bald wiederkehren, in anderen jedoch auf Nimmerwiedersehen verschwinden. Auch über das Verfliegen einzelner, wie es scheint von stärkeren Rivalen vertriebener und vor unbefriedigter Liebe toll gewordener Hähne findet man in dem citirten Werke interessante Angaben. Der Grund der periodischen Wanderungen muss allerdings noch näher untersucht werden; hoffentlich geben die auf Anregung des Kronprinzen Rudolf jetzt überall auf der Erde errichteten ornithologischen Beobachtungstationen bald das Material an die Hand, um der Frage näher treten zu können.

TAFEL II.

Farbenvarietäten der Auerhenne.

Farbenvarietäten des Auerhahnes und der Auerhenne scheinen verhältnissmässig selten vorzukommen, erstere noch seltener als letztere. Eine Farbenvarietät des Hahnes stand mir nicht zu Gebote.

Bogdanow (Consp. av. imp. ross. 1884 p. 25) erwähnt zwei im Akademischen Museum von St. Petersburg: „Vieux mâle. Coloration typique, mais la poitrine et le ventre d'un blanc pur." Und: „Vieux mâle. La tête et le cou sont gris-pâle (comme enfumées). Le dos parsemé de tâches blanches. Les rémiges secondaires sont entièrement blanches, de même que les pennes extérieures des rémiges primaires; la queue blanche avec la bande terminale noire." Dieses ist wahrscheinlich dasselbe Exemplar, welches bereits v. Middendorff (Sibirische Reise II, 2 p. 199 1851) angeführt hat. Also anscheinend zwei Fälle von partiellem Albinismus. Nilsson (Skandinavisk Fauna II, 48 1858) beschreibt einen Hahn von Dalekarlien mit weissem rostfarbig fein braun wellenartig gefleckten Oberrücken; Unterrücken schwarz mit weissen Federn untermischt; Bauch und Schwanz mit Weiss gefleckt; Beine schmutzig weiss. Ferner ein kleines Lappländisches Exemplar von aschgrauer Farbe mit etwas dunklerem Kopf und Hals. Wurm berichtet im „Zoologischen Garten" 1878 p. 297 nach Hörensagen von einem schmutzigweiss gefärbten Auerhahne. Einen Hahn „mit gelblichweissen Deckfedern der Flügel und einigen weissen Federn am Leibe und Schwanze" hat Bechstein (Gemeinnützige Naturgeschichte 1807 III p. 1302) gesehen. Gloger: Vollständiges Handbuch der Naturgeschichte der Vögel Europa's I, 516 (1834) sagt, dass weissgefleckte und fast aschgraue Hähne vorkämen. In der Wiebke'schen Sammlung in Hamburg befindet sich ein weissbäuchiger Auerhahn aus Russland (Journ. für Orn. 1885 p. 397).

Von Farbenvarietäten der Henne zeigt meine Tafel zwei, und zwar rechts in zwei Drittel natürlicher Grösse ein Exemplar, welches ich der Güte meines gelehrten Freundes und Collegen, Herrn Professor Collett in Christiania verdanke, und welches dem Museum in Christiania gehört; es ist im Herbst 1880 bei Trysil in Norwegen erlegt worden. Zur Unterstützung der Abbildung will ich nur folgendes bemerken:

Es ist eine starke Auerhenne mit scharfer kräftiger Zeichnung. Die braune Farbe fehlt gänzlich; an ihre Stelle ist, besonders am Stoss und an Kehle und Brust, eine Isabellfarbe getreten, welche selbst in Weiss übergeht. Auch auf der Unterseite erscheint das Braun der normalen Henne in derselben Isabellfarbe. Der Reflex einiger Binden der Halsfedern lebhaft stahlgrün; er ist an der normalen Henne mehr blau und violett. Ueber das ganze Obergefieder ausgebreitet ist ein meist farbloser, bei der normalen Henne mehr oder weniger violetter Glanz. Sterger (Jagd-Zeitung 1884 p. 174) nennt diese charakteristische Erscheinung bei letzterer nicht mit Unrecht „Fasanschimmer." Der Unterstoss isabellfarben mit Schwarz gebändert und mit weissen Federenden. Die Maasse des Exemplares finden sich in der Tabelle auf Seite 4.

Das links auf der Tafel ebenfalls in zwei Drittel natürlicher Grösse abgebildete Exemplar gehört dem Dresdner Museum (No. 9126) und wurde von Herrn Henke Anfang der sechziger Jahre in Archangel acquirirt. Diese Henne macht den Eindruck, als wäre es eine Auerhenne, welche mit Mehl bestäubt ist, und Herr Henke erzählte mir, dass, als ein Bauer ihm dieses Exemplar in einem Sacke brachte, er den Sack ausklopfte, um sich zu überzeugen, dass kein Mehl darin sei und dass der Bauer ihn nicht habe betrügen wollen. Das Braun und Schwarz der normalen Auerhenne erscheint vollständig verblasst. Das Brustschild ein wenig, und die Unterseite des Stosses auffallenderweise ziemlich lebhaft braun. Die etwas geringere Grösse dieser Henne, besonders des Stosses (siehe die Maasse in der Tabelle auf Seite 4), zusammen mit der blassen Färbung rufen den Eindruck des Krankhaften oder Unfertigen hervor.

Im Berliner Museum befindet sich eine sehr blass gefärbte Auerhenne mit reichlichen weissen Flecken, auch in den Flügeldeckfedern, aus Jemtland.

Bogdanow (Consp. av. imp. ross. 1884 p. 25) führt folgende Varietäten des Akademischen Museums in St. Petersburg auf: Zwei Exemplare: „Différent de la femelle normale par la teinte générale plus pâle et roussâtre, à cause du défaut du pigment noir. La collection de l'université possède aussi un pareil individu." Ein Exemplar: „La teinte rousse manque presque complètement, étant remplacée par le blanc; le pigment noir est au contraire bien conservé et occupe sa place normale sur les plumes." Diese Exemplare scheinen ziemlich den von mir abgebildeten zu entsprechen. Einen noch weiter vorgeschrittenen Albinismus beschreibt Bogdanow (l. c. p. 26) von einer Henne im Universitäts-Museum von St. Petersburg: „Les pigments noir et rouge sont presque entièrement disparus; toutes les bandes et les tâches, ordinairement blanches, sont devenues blanches-grisâtres sales; par conséquent l'oiseau présent une couleur blanche sale avec des traces du dessin normal."

Gloger (l. c. p. 516) spricht von trüb- oder gelblichweiss, etwas braungefleckten Hennen und von überall weissen. Nilsson (Skandinavisk Fauna II, 48 1858) beschreibt eine als sehr blass, oben grau mit gelblichen und weissen Binden, unten weiss mit rostrothen Binden, Brust rothbraun. Eine andere von Lappland als schmutzig weiss, hier und da mit bräunlichen Flecken schattirt. Lloyd (Game birds and wild fowl of Sweden and Norway, London 1867 p. 3) hat eine Varietät abgebildet, allein diese Abbildung ist mir nicht zugänglich gewesen; Bogdanow (l. c. p. 26) citirt dieselbe als diejenige einer hahnenfedrigen Auerhenne.

Verwandte Arten sind nicht als Varietäten anzusehen.

Aber alle diese Farbenvarietäten haben nur die Bedeutung individueller Abänderungen, welche mit dem Individuum vergehen oder sich höchstens auf eine oder zwei Generationen vererben, um dann wieder in Folge der Vermischung mit normalen Individuen zu verschwinden. Etwas ganz anderes sind die Abänderungen, welche an eine geographische Umgrenzung geknüpft sind, und welche als constante Varietäten der Stamm- oder Hauptform, je nachdem, Artcharakter beanspruchen.

Dieser wichtige Unterschied wird von vielen Autoren nicht genügend im Auge behalten, und es wird solchen constanten und geographisch begrenzten Formen der Artcharakter abgesprochen, während sie diesen mit Fug und Recht verdienen. Man muss sich nur klar darüber sein, welchen Begriff man mit der Bezeichnung „Art" verbinden will; die Möglichkeit der fruchtbaren Vermischung zwischen einer Stammform und einer geographisch abgezweigten und im Verfolg der Isolirung abgeänderten ist hier nicht ausschlaggebend, denn wollte man dieses Criterium gelten lassen, so würden Hunderte, wenn nicht Tausende der von Ornithologen aller Schulen aufgestellten Arten eingezogen werden müssen. Dieses ist weder möglich, noch überhaupt nothwendig oder wünschenswerth. Bei der Aufstellung von Arten leiten uns in erster Linie praktische Interessen: Ohne scharfe Unterscheidung der vielgestaltigen organischen Formenreihe bleibt diese für den schwer fassenden menschlichen Geist ein Chaos; je mehr leicht verständliche Unterschiede hervorgehoben werden können, einen desto klareren Ueberblick gewinnen wir. Zwei Factoren sind für die Sicherheit, mit welcher man einer Form Artcharakter vindiciren kann, ungemein wichtig: Erstens die geographische Umgrenzung des Vorkommens und zweitens, wenn diese nicht vorhanden, das unvermischte Durcheinanderleben der beiden einander nahestehenden Formen. Ersteres ist auf insularen Gebieten sehr oft der Fall, und dort ist es darum meist nicht schwierig, constant abweichende Formen als „Arten" zu erkennen. Auf grossen Continenten vertreten hohe Gebirgszüge und Massive manchmal die Rolle der isolirenden Meere; wenn dieses aber nicht der Fall ist, so schieben sich verwandte Formen wohl geographisch mehr oder weniger ineinander, ohne sich geschlechtlich zu vermischen, und dieses giebt ihnen dann um so sicherer den Charakter von Arten; sie behalten diesen selbst dann, wenn an den Grenzgebieten geschlechtliche Vermischung eintritt.

Tetrao urogalloides Midd.

Meiner Ansicht nach ist es geradezu unhaltbar, eine Form wie Tetrao urogalloides Midd. nicht als Art gelten lassen zu wollen. Bogdanow (Consp. av. imp. ross. 1884, p. 24) giebt deren Verbreitungsbezirk folgendermaassen: „Le Kamtschatka et toute la Sibérie orientale, vers le Sud jusqu'aux frontières de la Chine; vers l'occident jusqu'au fleuve Jenissei." Da wir oben Seite 2 sahen, dass derselbe Autor den Verbreitungsbezirk von Tetrao urogallus in ganz Sibirien mit Ausnahme von Kamtschatka annimmt, so wäre, wenn dieses richtig ist, hierdurch allein schon die Artverschiedenheit erwiesen, denn in Ostsibirien kommen beide Formen neben einander vor; erhalten sie sich dort, so ist es eben ein Zeichen, dass sie sich nicht mehr geschlechtlich vermischen. Dieses scheint auch Radde's Ansicht zu sein, denn er sagt (Reisen im Süden von Ostsibirien 1863 II p. 297): „Erst im mittleren Theile des Okathales werden beide Formen durch die dort lebenden Burjäten unterschieden."

Ich hebe folgende Differenzen in der Färbung zwischen Tetrao urogallus und T. urogalloides hervor: Bei Letzterem ist der Schnabel schwarz, das Brustschild gelblicher grün und besonders nach oben wenig umgrenzt, Kopf und Hals schwarz mit blauem und grünem Stahlglanz. Unterseite sehr dunkel mit wenigen scharf umgrenzten kleinen weissen Flecken oder Tropfen. Flügel und Rücken matt, braunschwarz, erstere mit grossen tropfen- oder spatelförmigen weissen Flecken; kein Flügelspiegel; Schulterdecken mit grossen weissen Längsflecken. Stoss einfarbig schwarz mit bräunlichem Anflug, der Ober- und Unterstoss mit grossen regelmässigen weissen Endflecken an den grossen Federn, welche 18 an Zahl sind. Die spitzere Form des Stosses ist ausserordentlich abweichend, wie die Maasse Seite 3 zeigen. Die Henne unterscheidet sich durch grün metallischen Brustschimmer und andere Charaktere fast noch mehr von der Urogallus-Henne, als der Hahn vom gewöhnlichen Auerhahn. Ebenso differiren die Maasse, wie ein Vergleich der Zahlen in der Tabelle Seite 3 ergiebt: der Schnabel ist bedeutend kleiner, und weitere Verschiedenheiten liegen in den Verhältnissen des Stosses. Ich glaube fast, dass die meisten jener Autoren, welche T. urogalloides nicht als Art anerkennen wollen, kein Exemplar desselben vor Augen gehabt haben. Abgebildet wurde der Urogalloides-Hahn u. A. von Middendorff (Sibir. Reise 1851 II, 2 Taf. XVIII) und von Elliot (Mon. Tetraoninae 1865 pl. VI); die Henne ist meines Wissens noch gar nicht abgebildet worden, verdiente es ihrer Eigenthümlichkeiten wegen aber wohl.

Tetrao kamtschaticus Kittl. und Tetrao sachalinensis Bogd.

v. Kittlitz (Denkwürdigkeiten einer Reise ... durch Kamtschatka 1885, II, p. 354) hat nun eine von ihm in Kamtschatka entdeckte Form als T. kamtschaticus abgetrennt und p. 353 im Holzschnitt abgebildet. Diese Art erfreute sich aber noch geringerer Anerkennung als T. urogalloides; Bogdanow in seinem 1884 veröffentlichten Conspectus avium imperii rossici erwähnt sie nicht einmal unter den Synonymen von urogalloides, welcher sie nahe steht. In den Grössenverhältnissen ähnelt sie, mit Ausnahme des Stossmaasses, der genannten Art, in der Färbung weicht sie in folgenden Punkten ab: Heller im Ganzen; auf Rücken und Flügel erscheint das Braun von urogallus, und die weisse Fleckenzeichnung an Flügel, Schulter und Stoss ist noch weit ausgebildeter als bei urogalloides. Fast am Ende der zwei mittleren Stossfedern treten lange weisse Kielflecke auf, und der Rand der Aussenfahnen der äussersten, sowie ein Kielfleck vor der Spitze sind ebenfalls weiss. Der Stoss von kamtschaticus (mit 20 Federn?) ist noch abgerundeter als bei urogallus, während derjenige von urogalloides ausserordentlich spitz zuläuft, wie schon die Maasse (Seite 3) ergeben. Die Handschwingen sind zum Theil mit weisser Zeichnung versehen. Schnabel schwarz mit hellerer Schneide. Vor dem Auge und an den Wangen einige weiss gezeichnete Federn. Der weisse Achselfleck wenig entwickelt.

Ob Tetrao urogalloides und kamtschaticus artlich aus einander zu halten sind, hängt davon ab, ob die Verschiedenheiten, von denen ich nur die hauptsächlichsten anführte, constante, und ob sie an ein locales Vorkommen geknüpft sind, oder ob beide Formen unvermischt durcheinander leben. Letzteres scheint nicht der Fall zu sein; vielmehr dürfte die Verschiedenheit sich an das Beschränktsein von kamtschaticus auf Kamtschatka knüpfen. Eine eventuelle Vermischung lediglich an den Grenzgebieten beider Formen würde nicht gegen ihre Artselbständigkeit sprechen können. v. Middendorff (l. c. II, p. 199) sagt, dass Kamtschatka-Hennen etwas heller gezeichnet seien, was jedenfalls auch in Betracht zu ziehen ist. Aus allen diesen Gründen zögere ich nicht, T. kamtschaticus Kittl. als „Art" aufzufassen. Derselben Ansicht huldigt Taczanowski (Bull. Soc. Zool. de France vol. VIII, 1883, p. 333), er sieht urogalloides und kamtschaticus an als „deux formes bien distinctes" und schildert ihre Verschiedenheiten auf 5 enggedruckten Seiten. Dybowski (ibid. p. 369) sagt von der Art, dass sie sehr gemein sei, aber sich nicht auf den Comandores-Inseln fände.

Parallel mit der auf Kamtschatka beschränkten Art geht diejenige, welche Bogdanow jüngst (l. c. p. 122) als var. sachalinensis von der Insel Sachalin beschrieben hat. Er sagt von derselben: „T. similis T. urogalloidi, sed notaeo obscuriore, fere atro, hypochondriis albo guttatis, rostro paulo crassiore et cauda minus rotundata."

Der Stammform urogallus jedenfalls viel näher als urogalloides, kamtschaticus und sachalinensis stehen zwei Formen, welche mit grösserem Rechte als die genannten für „Varietäten" von urogallus gehalten werden könnten, wenn solche geographisch begrenzten constanten Varietäten auch nur insofern etwas mit individueller Variation zu thun haben, als unter Umständen aus letzterer erstere entstehen können.

Tetrao Taczanowskii M.

Taczanowski (Bull. Soc. Zool. de France I, 1876, p. 243) fand, dass die Exemplare von der Umgegend von Irkutsk und vom Baikalsee etwas von den europäischen abweichen. Er sagt: „Les mâles ont les pattes beaucoup plus velues, et les doigts couverts jusqu'à la dernière articulation; ils ont le bec un peu plus court, plus renflé sur les cotés au devant des narines; le plumage en général plus mou avec un dessin généralement plus fin. Les femelles ont les plumes des pattes plus abondantes que dans les femelles européennes, mais la différence n'est pas aussi grande que chez les mâles; leur bec est aussi plus large à la base." Bogdanow (Consp. av. imp. ross. 1884, p. 25) lässt die Frage, ob hier eine „Race" vorliege, offen, da er nicht genug Material zur Entscheidung derselben habe; mir steht kein einziges Exemplar von dort zur Verfügung, ein so genauer Beobachter aber wie Taczanowski geniesst in meinen Augen genügendes Vertrauen, um mich wenig daran zweifeln zu lassen, dass im Südosten Sibiriens T. urogallus in eine verwandte Form abgeändert habe. Wenn sich dieses, wie ich vermuthe, bestätigen sollte, so schlage ich für dieselbe den Namen Tetrao Taczanowskii vor.

Tetrao uralensis Sev. u. Menzb.

Es ist überhaupt um so wahrscheinlicher, dass diese Auffassung nicht unrichtig, weil im Süden des Ural eine Form vorkommt, welche Severtzow und Menzbier var. uralensis genannt haben, und welche mir vorliegt. Ich habe oben Seite 3 bereits deren Maasse angegeben. In diesen ist sie fast identisch mit urogallus, nur die Fänge scheinen schwächer zu sein, sind aber stärker befiedert, die Federn erreichen den Nagel bis auf 8 mm. In der Färbung unterscheidet uralensis sich von urogallus durch einen mehr gelblichen Schiller des 10 cm langen Brustschildes, durch ein durchweg blaugraueres Gefieder — auch die verdeckten Federbasen der metallischen Brustfedern sind grau gesprenkelt — durch das vorherrschende Weiss der Unterseite, durch das matte Hellbraun der Flügel, welches stark mit Grau untermischt ist, durch das Granulirte der Stossfedern und des Oberstosses. Ein Flügelspiegel ist vorhanden, dieser kommt aber, wie ich anderen Autoren gegenüber betonen muss, ebenfalls, wenn auch selten, bei urogallus vor. Die Zahl der Stossfedern bei dem Dresdner Museums-Exemplar von uralensis ist 18.

Dass hier eine wohlausgeprägte constante Abänderung von urogallus mit geographisch umschriebenem Verbreitungsbezirk vorliegt, ersieht man aus den erst kürzlich von Nazarow (Bull. soc. nat. Moscou 1886, p. 365) mitgetheilten genaueren Angaben: „Il est difficile de déterminer la limite septentrionale de cette forme, mais on peut la trouver aux environs de Verchné-Ouralsk, quoique près de Catherinbourg on trouve déjà le Tetrao urogallus typicus. Il est probable que l'espace limité au nord et à l'ouest par la rivière Bélaya et au nord aussi par la rivière Oui est habité par cette race méridionale du coq de bruyère, car à l'ouest et au nord de la ligne tracée par les rivières mentionnées s'étend la région des vastes forêts conifères. Notre coq de bruyère habite les bois mixtes et préfère les vieilles forêts entremêlées d'arbrisseaux. Tous les chasseurs affirment que le cri du coq de bruyère à ventre blanc diffère tout à fait de celui du coq de bruyère typique, et voici ce que j'ai appris sur ce sujet: Les coqs de bruyères commencent à crier à la fin de mars, aussitôt que la neige commence à fondre; à la fin d'avril la période du cri cesse et les femelles commencent à pondre. Pendant ce temps les coqs de bruyères choisissent des endroits marécageux couverts de trembles et de pins. A deux heures de la nuit les mâles se rendent à pieds vers la place du cri où un combat a lieu. Le coq qui n'a pas trouvé d'adversaire, se contente du rôle de spectateur; les combattants se frappent avec leur ailes, se saisissant par le cou, en faisant entendre des sons caractéristiques. Pendant les temps du cri les coqs sont très-dociles et il y est très-facile de les approcher. Quant aux femelles, elles ne font que regarder le combat du haut des arbres, puis elles réjoignent les mâles. A peu près 50 coqs et même d'avantage se rassemblent sur l'aire. Au lever du soleil le cri cesse, et les oiseaux abandonnent l'aire. Un chasseur peut tuer en une matinée plus de 5 coqs. Cette description du cri des coqs de bruyère à ventre blanc m'a été confirmée par M. Beck, gérant des bois de l'usine Kanunikolsk, bon chasseur, homme instruit et digne de confiance. Le cri de notre coq de bruyère ne rappelle-t-il pas celui du coq des bois?"

Das Weibchen von uralensis differirt durch seine Blässe sehr von den Urogallus-Hennen.

Meiner Ansicht nach sind in Betrachtziehung alles Angeführten sehr wohl zu unterscheiden:

Tetrao urogallus L. Europa. Sibirien. Die genauen Grenzen sind noch zu bestimmen.

    „   uralensis Sev. u. Menzb. Im Süden des Ural.

    „   Taczanowskii M. Südost-Sibirien.

    „   urogalloides Midd. Ost-Sibirien.

    „   kamtschaticus Kittl. Kamtschatka.

    „   sachalinensis Bogd. Sachalin.

Welches die in China vorkommende Art, von der Swinhoe (nach Dresser) berichtet haben soll, sei, ist noch nicht festgestellt.

Alle diese Formen unter dem einen Namen urogallus zusammenzufassen, würde mehr verwirren als klären, abgesehen davon, dass es einem allgemein angenommenen Usus widerspräche.

TAFEL III.

Hahnenfedrige Auerhennen.

Ueber Hahnenfedrigkeit bei weiblichen Vögeln, speciell bei Hühnern, ist ziemlich viel geschrieben worden (siehe u. a. Stölker in Ber. über die Thätigkeit der St. Gallischen naturw. Ges. 1875—76 p. 149, mit, wenn auch nicht erschöpfenden, Literaturangaben), dennoch ist die Naturgeschichte des hahnenfedrigen Zustandes bei Weibchen noch ungenügend studirt; ein solches Studium ist nur möglich auf dem Wege länger andauernder Beobachtungen an denselben Thieren und vermittelst des Experimentes, auch gehört dazu eine genaue anatomische Untersuchung der Geschlechttheile, was nicht Jedermanns Sache ist. Ich werde unten bei Besprechung der häufiger vorkommenden hahnenfedrigen Birkhennen mit wenigen Worten der Ursachen der Hahnenfedrigkeit und einiger ihrer Erscheinungen gedenken.

Hahnenfedrige Auerhennen scheinen nicht gerade häufig zu sein, aber man findet doch in der Literatur einige Fälle verzeichnet. Nilsson (Skandinavisk Fauna, 3. Aufl. II, 49 1858) giebt eine nähere Beschreibung und bildet ein Exemplar in seinem Werke. Illuminerade Figurer till Skandinaviens Fauna pl. 21 Fig. I B (1832—40) ab. Er bemerkt auch, dass bei allen von ihm untersuchten hahnenfedrigen Auerhennen die Eierstöcke und Eileiter krank und mehr oder weniger zerstört waren. Eine mangelhafte Abbildung einer hahnenfedrigen Henne findet sich bei Sundevall und Åkerlund: Svenska Foglarna Taf. XXXII Fig. 3 p. 256 (1856). v. Pelzeln beschreibt kurz zwei hahnenfedrige Auerhennen des Wiener Museums (Verh. Zool. bot. Ges. XV, 946 1865). Lloyd (The game birds and wild fowl of Sweden and Norway 1867 p. 3) sagt: „At times one meets with Barren Hens, which assume in great measure the plumage of the young male, together with its thick, crooked, and white beak, and its longer tail; but they are always readily distinguishable by their inferior size." Ferner machte Fatio ein Exemplar des Museums in Neuchâtel bekannt (Bull. de la soc. Vaudoise des sc. nat. vol. IX No. 58 1868 p. 591) und knüpft an dasselbe einige recht interessante allgemeine Bemerkungen. Collett in seinen „Remarks on the ornithology of Northern Norway" (Forhandl. Vidensk Selsk. Christiania 1872 p. 234) beschreibt ein Exemplar, welches in Färbung und Grösse fast genau dem Auerhahn gleichen soll, und giebt folgende Charaktere an, durch welche man hahnenfedrige Auerhennen stets von Hähnen unterscheiden könne: Bartfedern mit Weiss gefleckt, Schnabel dunkel, Stoss zart mit Grauroth gefleckt und ohne die grossen weissen Flecken des Auerhahnes. Letzteres Merkmal ist nicht stichhaltig, auch ist der Schnabel nicht immer dunkel, es giebt viele hahnenfedrige Auerhennen mit hellem und sehr hellem Schnabel (s. auch oben bei Lloyd). Dresser bildete (History of the birds of Europe vol. VII 1873) eine hahnenfedrige Auerhenne ab und beschrieb dieselbe kurz. Harvie-Brown (Capercaillie in Scotland

1879 p. 117) erwähnt mehrere Exemplare. Wenn Altum (Forstzoologie II, 449 1880) hahnen-fedrige Hennen vorwiegend schiefergrau gefärbt und gezeichnet sein lässt, so ist dieses nur für gewisse Stadien zutreffend. Bogdanow (Consp. av. imp. ross. 1884 p. 26) erwähnt 7 Exemplare in den Museen St. Petersburgs und beschreibt kurz 2 derselben.

Mir standen 9 Exemplare zur Verfügung, welche bis auf eines aus dem Museum in Christiania, das Herr Collett so freundlich war mir zu leihen, dem Dresdner Museum gehören. Ich habe diese ihrer fortschreitenden Entwicklung entsprechend in eine Anzahl von „Stufen" getheilt, mit welcher Bezeichnung jedoch nur ausgedrückt sein soll, dass man die verschiedenen Uebergänge vom Weibchen bis zum fertigen Hahnenkleide in dieser Weise unterscheiden kann; selbstverständlich ist in der Natur ein allmählicher Uebergang der einen Stufe in die andere vorhanden, aber ich hebe besonders hervor, dass diese Stufenfolge auch in so fern keine scharfe ist, als Charaktere der Verfärbung bald da, bald dort, d. h. an verschiedenen Parthien des Vogels früher oder später hervortreten.

Die Maasse dieser 9 Exemplare sind die folgenden (zu Beginn der Tabelle findet man zum Vergleiche die Maasse der Auerhenne und am Ende diejenigen des Auerhahns):

Laufende Nummer	Auerhenne	1	2	3	4	5	6	7	8	9	Auerhähne
No. des Dr. Mus. od. Sammlg.		9122	9123	7974	9125	9124	7053	9127	Mus. Christ.	7975	
Vaterland		Archangel	Archangel	Nowgorod	Archangel	Archangel	Norwegen	Moskau	Norwegen	Schweden	
Abgebildet auf Tafel III		oben rechts linker Vogel	—	—	oben rechts der r. Vogel	—	Mitte	—	—	links	
Stufe der Befiederung		2. Stufe	4. Stufe	5. Stufe	6. Stufe	7. Stufe	8. Stufe	9. Stufe	11. Stufe	12. Stufe	
Flügellänge	29—31	30	31.5	31	31.5	31.5	30.6	31.5	30.5	31.5	40—42.5
Oberschnab. v. d. Befiederg.	1.65—2.1	2	2	1.9	1.9	2.15	1.85	2.1	1.95	2.3	3.2—3.5
Aeusserste Stossfedern	14.4—18.5	16.5	18	17	17.3	18.5	18	18.2	17.5	20	26.5—30.5
Mittelste Stossfedern	16.5—20	18	21	19	19.3	20	20	20	19.5	22.5	31.5—36.5
Zahl der Stossfedern	18	18	18	18	—	18	—	—	18	—	18—20

Man sieht, dass die Maasse der vorliegenden entwickeltsten hahnenfedrigen Auerhenne noch beträchtlich von denjenigen des Hahnes entfernt sind, nach Collett (s. oben) aber müsste es auch hahnenfedrige Auerhennen von der Grösse des Hahnes geben.

Unter der 1., mir nicht vorliegenden Stufe verstehe ich ein Weibchen, welches sonst einer alten Henne gleicht, bei welchem die Flügel jedoch eine etwas braunere Färbung zeigen, der Stoss im Allgemeinen etwas dunkler, und besonders die schwarze Endbinde etwas breiter ist.

Die 2. Stufe, welche der linke Vogel oben rechts auf Tafel III (No. 9122 des Dresdner Museums) in über ¼ natürlicher Grösse repräsentirt, zeigt die Flügelfärbung schon ziemlich braun und die Aussenfahnen der Secundärschwingen sehr fein gefleckt, ebenso die kleinen Flügeldecken an der Schulter. Die ungefleckte subterminale schwarze Schwanzbinde ist bereits 2—2.5 cm breit. Bürzel und Stossdecken mit ziemlich breiten hellgrau und schwarz gesprenkelten Spitzen, zusammengelegt eine ziemlich graue Fläche bildend. Das Brustschild zeigt vereinzelt stahlgrüne grosse Bindenflecke, auch Kopf und Hinterhals bereits etwas grau. Schnabel horngelb mit etwas dunklerer Firste.

Die 3. Stufe, welche mir nicht vorliegt, hat den Stoss feiner gefleckt als die 2., und derselbe ist dem Ende zu etwas dunkler, die Flecken des Brustschildes werden lebhafter, die Oberseite noch grauer.

4. Stufe (No. 9123 des Dresdner Museums): Flügel etwas dunkler als bei der 3., schwarze Zeichnung des Stosses vorherrschend, an der Basishälfte sehr fein hellbraun gerieselt, vor der ungefleckten, dunklen Subterminalbinde die Fleckenzeichnung stärker und lebhafter hellbraun. Die grossen Schwanzdecken und die mittleren beiden Stossfedern ziemlich bunt: weiss, schwarz und braun. Unterseite des Stosses dunkel. Unterrücken und Bürzel ziemlich geschlossen grauschwarz gesprenkelt. Brustschild dunkel rostbraun mit dunkelgrünen 4—5 mm breiten Federrändern. Die gelbbraunen Kehl- und Bartfedern mit feiner schwärzlicher Zeichnung. Schnabel graubräunlichgelb mit helleren Schneiden.

5. Stufe (No. 7974 des Dresdner Museums): Die Flügelfärbung nähert sich schon mehr derjenigen des Hahnes; Hinterhals gelblichgrau mit in gewissem Lichte hellgrauem Glanze. Der ganze Vogel ist dunkler braun. Das Grün an der Brust noch nicht ausgeprägter als bei der 4. Stufe. Oberschnabel horngraugelb mit heller Schneide, Unterschnabel bräunlichgelb.

Für die 6. Stufe (abgebildet auf Tafel III oben rechts, der rechte Vogel, in über ¼ natürlicher Grösse, No. 9125 des Dresdner Museums) ist charakteristisch, dass das Grau überall vorherrscht; es tritt besonders an den Brustseiten zu Tage. Schnabel graubräunlich mit heller Schneide.

7. Stufe (No. 9124 des Dresdner Museums). Das Grün des Brustschildes bildet schon eine fast zusammenhängende Fläche, die grünen Federränder 6 mm breit. Das Dunkelgesprenkelte der Brustseiten ausgedehnter. Das Grau der Oberseite etwas dunkler blaugrau. Stossfedern dunkel mit sehr feiner bräunlicher Zeichnung. Die weisse Fleckenzeichnung an der Basishälfte des Stosses, welche ein Charakter des Hahnes ist, wird an den mittleren Federn sichtbar. Die ganze Unterseite des Stosses mit Ausnahme der mittleren zwei Federn braunschwarz ohne Zeichnung. Schnabel sehr hell graugelb mit bräunlicher Firste und weissen Schneiden.

8. Stufe (abgebildet auf Tafel III, Mitte, in ⅖ natürlicher Grösse, No. 7053 des Dresdner Museums). Etwas abweichend, nicht in die Reihenfolge passend, ist das vorherrschende dunkle Braun besonders an der Unterseite. Das vorhandene Grau ist viel dunkler. Auch hier Beginn der weissen Fleckenzeichnung in der Basishälfte des Schwanzes. Die mittleren Stossfedern von den übrigen wenig verschieden. Das Grün des Brustschildes etwas zurückgeblieben. Unterschnabel hell, Oberschnabel horngrau mit hellen Schneiden.

9. Stufe (No. 9127 des Dresdner Museums). Oberseite viel Auerhahnähnlicher, dunkler braun, Stoss schwarz, die seitlichen Federn am Ende bis 5 cm breit einfarbig. Die weisse Fleckenzeichnung an der Schwanzbasis mehr verbreitet. Das grüne Brustschild stark ausgeprägt. Kehle, Vorderhals und Unterseite mit viel Weiss. Oberschnabel horngraubraun, Unterschnabel bräunlich.

Die 10. Stufe ist nicht vertreten, sie bietet (nach Henke) mehr Grau dar als die 9., besonders an der Unterseite.

11. Stufe (No. 8, Museum Christiania): Das Braun, ausser auf Flügel und Mantel, fast nur noch auf den Stossdecken vertreten. Auf Ober- und Unterseite Grau vorherrschend. Grünes Brustschild fast zusammenhängend und nicht mehr auf braunem, sondern auf schwarzem, grau gerieselten Grunde. Bart schwärzlich mit wenig Weiss. Der ganze Hals und die Oberseite, mit Ausnahme der grossen Stossdecken, machen den Eindruck derjenigen des Hahnes. Oberschnabel dunkel hornbläulich, Unterschnabel bräunlich; Schneiden hell.

12. Stufe (abgebildet auf Tafel III links in ⅖ natürlicher Grösse, No. 7975 des Dresdner

Museums). Fast Hahnenkleid mit Ausnahme der braunen, langen Stossdecken und der Brustseiten, welche viel Braun zeigen. Grünes Brustschild zusammenhängend, grüne Säume circa 7 mm breit, verdeckte Basen schwarz, zum Theil mit Braun gezeichnet. Stoss verlängert, äussere Federn einfarbig, das Weiss der Stossbasishälfte hier nicht entwickelt. Oberstoss sehr lang, nur 5 cm der Stossfedern bleiben unbedeckt. Bartfedern bis 3.3 cm lang, bei der Henne erreichen sie nur eine Länge von 2.5 cm. Schnabel dunkelhorngrau mit helleren Schneiden.

Die folgenden, mir nicht vorliegenden Stufen dürften dem Hahnenkleide noch mehr gleichen; ob sie dieses und auch die Grösse des Hahnes ganz erreichen, kann ich aus eigener Erfahrung nicht behaupten. Nach Collett soll es der Fall sein. Er sagt (l. c.) von einem im October 1872 auf dem Markte in Christiania gekauften, 655 mm grossen Exemplare: „In dress and size it exhibited so striking a resemblance to an old and fully coloured male as to be with difficulty distinguished from one." Dresser (l. c.) dagegen meint: „The barren females . . . are sometimes almost identical with the adult male in plumage, though easily distinguishable by their much smaller size," und letzteres behauptete auch Lloyd, wie wir oben sahen.

Henke bringt in seinem, nach vielen Richtungen hin lesenswerthen Aufsatze: „Hahnenfedrige Hennen" (Jagdzeitung 1884, S. 409) über die allmähliche Umfärbung das Folgende bei: „Sind die hellblaugrau melirten Ränder der Kopf- und Halsfedern bei der Auerhenne breit genug geworden, um die braune Färbung der unteren Federn zu überdecken, dass man bei vollem anliegenden Gefieder von dieser Farbe Nichts mehr sieht, wenn man nicht Federn aufhebt, dann bedarf es nur noch einer Verdunkelung der graublauen Farbe, welche allmählich auch eintritt, um diese Färbung der des Hahnes ganz ähnlich zu machen. Sind ferner die grünen schmalen Querbinden auf den braunen Brustfedern auch breit genug, dass nur die grüne Farbe vorherrscht, so ist die grüne Brust und der blaumelirte Hals, der Kopf des Auerhahnes, wenigstens dem äusseren Anscheine nach fertig, denn es ist ja nur Täuschung, ein kleiner Betrug, den man sofort entdeckt, wenn man tiefer in das Gefieder hineinwühlt, der aber vollkommen ausreicht, viele Menschen irre zu leiten. Die braune Färbung wird vorherrschender, die Endbinden des Stosses breiter, die hellen Querbinden und Flecken immer schmäler und kleiner, bis der ganze Stoss in Schwarzbraun erscheint und dem des Hahnes nahe kommt, indem er schliesslich auch an Umfang zunimmt. Ein gleichmässiges Fortschreiten der allmählichen Umwandlung habe ich übrigens nur bei Auerhennen wahrgenommen."

Ein Charakter, auf welchen Henke (l. c.) auch bei den hahnenfedrigen Birkhennen besonders die Aufmerksamkeit hinlenkte, nämlich dass sie eine weisse, beim Birkhahne nicht vorkommende Zeichnung am Halse zeigen, findet sich mehr oder weniger ausgeprägt auch bei hahnenfedrigen Auerhennen, wie Collett (l. c.) zuerst bemerkte. Besonders bei vorgeschritteneren Exemplaren ist dieses Weiss vorhanden, bei der abgebildeten No. 7975 des Dresdner Museums jedoch nicht zu sehen, da die Federn meist verdeckt liegen. Ferner ist zu bemerken, dass bei manchen Exemplaren sowohl am Halse als auch an der Brust und auffallenderweise auch an den seitlichen Brustfedern hellere oder weisse Schaftstriche auf den Federn auftreten, ein Charakter, welchen weder Auerhahn noch Auerhenne besitzen, und welchen Henke auch an hahnenfedrigen Birkhennen hervorhob. Die Deutung dieser Charaktere ist zweifellos in beiden Fällen die gleiche; Henke sah in denselben einen Rückschlag auf ein verloren gegangenes Vorfahrenkleid, eine Erklärung der Thatsachen, welche gewiss Beachtung verdient. Beweisen lässt sich Derartiges allerdings nicht.

TAFEL IV.
Birkwild verschiedenen Alters.
Tetrao tetrix L.

Birkwild findet sich von Lappland und Nord Schottland bis Catalonien, zu den Apenninen, Süd Dalmatien und Jekaterinburg, in östlicher Richtung durch ganz Sibirien bis China.

Specieller, ohne an dieser Stelle auf nähere Details eingehen zu können: in Schottland, auf den Hebriden, in England, Norwegen (bis Tromsö), auf den Lofodden, in Schweden, Lappland, Finnland, Dänemark, Deutschland, Holland, Belgien, Frankreich, Südost Spanien, Nord Italien, der Schweiz, fast ganz Oesterreich-Ungarn (in Böhmen allein werden jährlich Tausende geschossen), in Russland und China. Die Verbreitung in Russland giebt Bogdanow (Consp. av. imp. ross. 1884 p. 27) folgendermaassen an: La région du Sapin (excepté le Toundra); la région de l'Oural; la région du Tchernozém, vers le midi jusqu'à la limite des forêts; toute la Sibérie (excepté le Toundra en général, et le pays de Tchouktchi), Altaï, Tarbagataï, Alataou; Kouldja", und fügt hinzu: „Il n'y a pas de doute que les Coqs de bruyère, provenant de différents contrées, diffèrent par la taille, par la nuance du plumage etc., comme nous l'indique par exemple Mr. Sabaneiew. Mais nous n'avons pas assez de matériaux pour déterminer exactement ces races locales." Sabaneiew schrieb im Jahre 1875 eine Monographie über das Birkwild in russischer Sprache, welcher ich leider nicht mächtig bin. Die von Sabaneiew charakterisirten Localrassen näher kennen zu lernen wäre von um so höherem Interesse, als es in Südkaukasien eine ausgezeichnete, Tetrao tetrix vertretende Art: Tetrao Mlokosiewiczi Tacz., giebt, deren Verbreitungsgebiet nach Bogdanow (l. c. p. 30) das folgende ist: „La zone des forêts de bouleau et des broussailles alpestres du Caucase et de l'Arménie russe". Ich werde unten eine kurze Charakteristik dieser Art und ihre Maasse geben. Besonders in Nord Russland muss das Birkwild ausserordentlich zahlreich sein; Henke (Waidmann XI, 1879 No. 6) sah eines Winters „Hunderte von Birkhähnen selbst mitten in der Stadt Archangel in einer öffentlichen Anlage auf den mässig hohen Birken, wo sie sich tagtäglich ihre Nahrung suchten und sich nicht im geringsten an den Verkehr der ganz nahe vorbeiführenden Strassen kehrten."

In deutscher Sprache existirt noch keine Monographie über das Birkwild, welche sich der Wurm'schen über das Auerwild an die Seite stellen liesse; man findet es jedoch in sehr vielen Ornithologien und Jagdbüchern mehr oder weniger ausführlich abgehandelt, aus welchem Grunde ich mich hier auf Allbekanntes oder leicht zu Eruirendes auch nicht einlasse. Das Beste und Wichtigste ist zu ersehen bei Naumann (Vögel Deutschlands VI p. 324—356), Nilsson (Skand.

Fauna II p. 61—73), Lloyd (Game Birds and Wild Fowl of Sweden and Norway p. 72—102) und Dresser (Birds of Europe VII p. 205); gute Abbildungen ausserdem bei Gould und Elliot.

Zum besseren Verständniss des Rackelwildes kann ich jedoch nicht umhin, auch etwas auf das Birkwild einzugehen:

Ich notire als Unterlage für den Vergleich mit dem Rackelwilde die Maasse von 7 Birkhähnen und stelle daneben diejenigen von 2 Exemplaren des Tetrao Mlokosiewiczi; ferner die Maasse von 6 Exemplaren der Birkhenne nebst denjenigen von 2 auf Tafel V abgebildeten Varietäten derselben.

Birkhähne.

	Tetrao tetrix-Hähne							Tetrao Mlokosiewiczi	
Laufende Nummer . . .	1	2	3	4	5	6	7	8	9
No. im Drosdner Mus. od. Eigenthümer	9115	9054	9138	9114	9116	1411	9166	Wolschke	Schlüter
Herkunft .	Böhmen	Russland?	Klotsche b. Dresden	Danzig	Sachsen	Sachsen	Zool. Garten Dresden	Kaukasus	Kaukasus
Alter .	alt	alt	alt	alt	jünger	jünger	jünger	alt	jünger
Schnabel v. culmen in gerader Richtung	2.95	3.4	3.4	3.1	3	2.9	2.8	2.5	2.9
Oberschnab.v.d.Befiederg.i.gerad.Richt.	1.55	1.6	1.5	1.5	1.4	1.45	1.3	1.3	1.35
Rachen . . .	2.8	3.3	3.35	2.95	2.85	2.8	—	2.5	—
Schnabelbreite vor der Befiederung .	1.1	1.15	1.15	1	1	1	1.05	1	1
Schnabelhöhe vor der Befiederung .	1.25	—	—	1.3	1.2	1.15	1.2	1.1	1.1
Flügel . . .	26.5	27	27	26	26.5	25.5	—	21	20.7
Aeusserste Stossfedern gestreckt .	c. 22	c. 22	c. 22	—	c. 16	c.16.5	c. 16	c. 22	c. 21
Mittlere Stossfedern .	11	11	11	11	11	10.8	9	16	15.8
Tarsen . . .	5.6	5.5	5.6	5.5	5.5	5.5	4.9	5	4.5
Mittelzehe, ohne Nagel .	4.4	4.65	4.2	4.3	4.5	4.3	4.7	4.4	4.2
Nagel .	1.1	1.5	1.3	1.1	1.5	1.4	1	0.9	1.45

No. 3 ist auf Tafel IV oben rechts in circa ¹/₅ natürlicher Grösse abgebildet.

Birkhennen.

							Varietäten	
Laufende Nummer . . .	1	2	3	4	5	6	7	8
No. des Drosdner Mus. oder Eigenthümer	Henke	Henke	7981	9157	9158	1412	8159	9121
Herkunft .	N. Russland	N. Russland	Schweden	—	—	Sachsen	Archangel	Archangel
Alter .	alt	jünger	alt	alt	jünger	alt	—	—
Abgebildet	Taf. IV, ¹/₄ n. Gr., oben r., hinterer V.	Taf. IV, ¹/₄ n. Gr., ob. r., vorderer V.	—	—	—	—	Tafel V, ¹/₃ n. Gr., ob. l., vorderer V.	Tafel V, ¹/₃ n. Gr., ob. l., hinterer V.
Schnabel vom culmen in gerader Richtung	2.5	2.5	—	2.5	2.5	2.6	2.7	2.6
Oberschnabel vor der Befiederung . .	1.3	1.3	1.3	1.35	1.25	1.4	1.3	1.3
Schnabelbreite vor der Befiederung . .	1	1	1	1.05	0.95	1.05	1	1
Schnabelhöhe vor der Befiederung . .	1.25	1.1	—	1.2	—	1.15	1.2	1.1
Flügel .	24.3	23.5	23.3	23.6	23.3	23.5	23.8	23.8
Aeusserste Stossfedern .	13.7	13.5	12.6	13.5	13.5	13	13.2	13
Mittelste Stossfedern .	10	10	10	10	10	9.7	10.2	9.8
Tarsen .	5	5	4.8	4.7	4.9	4.9	5	5
Mittelzehe, ohne Nagel .	3.25	3.6	3.6	3.9	3.8	4	4	3.8
Nagel .	1.3	1.25	1.2	1.2	1.2	1.25	1.35	1.3

Charakteristik des Birkhahnes.

Braunschwarz bis schwarz, Kopf mehr oder weniger, Hals, Brust, Rücken, Bürzel und die kleinen oberen Schwanzdecken mit glänzenden stahlblauen Federrändern, welche zusammengelegt, besonders an Hals und Brust, eine glänzende Fläche bilden. Mantel und Flügeldeckfedern, sowie der Bauch mit schwachem, mattgrünen Schimmer in gewissem Lichte. Unterstoss weiss, die mittleren Federn überragen den schwarzen Stoss, besonders in aufrechter Stellung, bis zu circa 3 cm; 18 Stossfedern, die 4 seitlichen an jeder Seite sichelförmig nach auswärts gebogen. Die grossen Schwanzdeckfedern bei jüngeren Exemplaren fein bräunlich bestäubt. Hosen, Aftergegend und Tarsenbefiederung mehr oder weniger weiss gespitzt. Die 5 äussersten Primärschwingen fahl bräunlich mit weissen Federschäften, manchmal mit weiss gezeichneten Aussenfahnen, die übrigen weiss, im Enddrittel schwarz. Secundärschwingen weiss mit einer circa 3 cm breiten, subterminalen schwarzen Binde; die Basishälfte der Kiele weiss, sonst schwarz. Die Handschwingen, die grossen Flügeldecken und die Tertiärschwingen schwarz, an der Basis weiss, letztere, sowie die inneren grossen Flügeldecken und zum Theil auch die Aussenränder der Secundärschwingen auf dem Schwarz sehr fein braun bestäubt, eine Zeichnung, welche bei jüngeren Exemplaren lebhafter auftritt und im Alter vielleicht ganz verschwindet. Der von den Flügeldecken unbedeckt gelassene Theil der Primär- und Secundärschwingen bildet einen schönen weissen Flügelspiegel, bei ausgebreitetem Flügel von keilförmiger Gestalt. Unterseite der Flügel glänzend grau, wo oben braunschwarz vorhanden, sonst weiss mit weissen Kielen. Untere Flügeldecken und Achselfleck weiss. An einigen Exemplaren findet man an der Kehle im Barte versteckt oder an Kinn und Kehle einige weisse Federn oder Flecken (auf welche ich bei der Besprechung der hahnenfedrigen Birkhennen zurückkommen werde). Schnabel schwarz. Rose über dem Auge zur Balzzeit sehr gross. Füsse schwarzbraun. Zehen hornschwarz und gefranst.

Bezüglich der Schwingenverhältnisse bemerke ich, dass im Allgemeinen die 7. Schwinge länger ist, als die 1. Speciell verhält es sich bei den 7 Exemplaren, deren Maasse oben gegeben sind, in folgender Weise:

No. 1. 7. Schwinge länger als die 1., zwischen der 1. und 2., die 8. gleich den Secundaren.

No. 2. 7. Schwinge länger als die 1., zwischen der 1. und 2., 8., 9. und 10. länger als die ausgebreiteten Secundaren, zusammengelegt überragen sie dieselben wenig.

No. 3. 7. Schwinge länger, der 2. näher als der 1., die 8. der 1. Schwinge näher als die 7.

„ 4. 7. „ „ als die 1.

„ 5. 7. „ „ „ „ 1., zwischen der 1. und 2., 8. wie Secundaren.

„ 6. 7. „ „ „ „ 1., „ „ 1. „ 2., 8. kürzer als Secundaren.

„ 7. 7. „ „ „ „ 1.

Tetrao Mlokosiewiczi Tacz.

unterscheidet sich auf den ersten Blick von Tetrao tetrix schon durch die Körpergrösse und die Form des Stosses. Der ganze Vogel ist schwarz mit wenig dunkelblaugrünem Schimmer auf Brust und Oberseite; Schwingen bräunlich; Achselfleck weiss; kein Flügelspiegel; die äussersten Schwanzfedern verlängert, nicht lyraförmig, mehr nach unten, wenig nach auswärts gebogen, die einzelnen Federn rinnenartig. No. 9, ein jüngeres Männchen, zeigt Reste des Jugendgefieders am Kopfe, die schwarze Färbung ist im Ganzen etwas matter. Gute Abbildungen dieser schönen Art findet man bei Gould (Birds of Asia) und Dresser (Birds of Europe).

Charakteristik der Birkhenne.

Charakteristisch für die Birkhenne ist die Stossform: Gegabelt mit mehr oder weniger Ausschnitt, die äusseren 3 Federn 2—3 cm länger. Die weissen Unterstossfedern überragen den Stoss bis 2 cm. Färbung im Allgemeinen hellbraun, schwarz gebändert und schwarz gefleckt, zum Theil mit breiten grau gesprenkelten Federrändern, auf dem Bürzel manchmal mit blauem Stahlschiller. Im Alter dunkler, jüngere Vögel blasser. Ein weisser Flügelspiegel ist vorhanden, aber meist unter den oberen Flügeldecken versteckt. Bei No. 2 ist der Spiegel 1.5 cm freiliegend, und es sind auch die Basen der grossen Flügeldecken weiss wie beim Hahn, allein die übrigen Exemplare zeigen dieses letztere nicht; (No. 2 ist wohl im 1. Winterkleide). Die Brust der normalen Henne zeigt kein einfarbiges Schild, sondern ist überall gleichmässig gebändert. Charakteristisch ist noch ein hellerer und darunter ein dunklerer Strich an den Kopfseiten. Ueber die Schwingenverhältnisse bemerke ich, dass bei der normalen Henne die 7. stets länger zu sein scheint, als die 1., während es sich bei den 2 Varietäten auffallenderweise anders verhält:

No. 1. 7. Schwinge länger als die 1., sie hält die Mitte zwischen der 1. und 2.

„ 2. 7.   „   „   „   „ 1., aber der ersten näher als der 2.

„ 3. 7.   „   der 1. näher als der 2.

„ 4. Defect.

„ 5. 7. Schwinge länger als die 1., Mitte zwischen der 1. und 2.

„ 6. 7.   „   „   „   „ 1., zwischen der 1. und 2.

„ 7. (var.) 7. Schwinge kürzer als die 1.

„ 8. (var.) 7.   „   gleich der 1., auf einer Seite etwas länger.

Das Weibchen von Tetrao Mlokosiewiczi Tacz. ist sehr verschieden von dem Weibchen von Tetrao tetrix, es ist grau und braun fein gewellt und in der Mitte des Bauches schwarz; auf 4 dunkle Binden der Birkhennenfeder kommen circa 20 bei Tetrao Mlokosiewiczi; auch ist der Schwanz viel länger und viereckig. Abbildungen s. bei Gould und Dresser (l. c.).

Jugendkleider.

Während ich die oft abgebildeten Birkhühner (Hahn und Henne) auf Tafel IV nur stark verkleinert im Hintergrunde dargestellt habe, widmete ich den, soviel mir bekannt, bis jetzt überhaupt nicht abgebildeten Jugendkleidern grössere Figuren. Die Saison- und Jugendkleider sind am ausführlichsten von Naumann (l. c. VI, 328—332) behandelt worden; man vergleiche auch den älteren Brehm: Beitr. z. Vögelkunde... deutscher Vögel II, 1822 p. 650—662.

Das reine Dunenkleid fehlt mir.

Das Dunenkleid mit hervorspriessenden Schwungfedern ist in dem Hühnchen vorn links

3*

($^2/_3$ n. Gr., coll. Henke, Archangel) dargestellt. Der Kopf zeigt eine hinten schwarz eingefasste roth-braune Platte. Auf dem Vorderkopf ein grösserer schwarzer Mittelfleck und am Schnabel zuweilen ein kleinerer. Am Nacken ein undeutlicher schwarzer Längsstreif. Ueber dem Rücken 2 schwarze Fleckenstreifen. Unterseite mehr oder weniger lebhaft bräunlich gelb.

Ein etwas vorgeschritteneres Stadium ist in dem 2. Hühnchen vorn links ($^2/_3$ n. Gr., No. 8949 Mus. Dr.) dargestellt.

Als 3. Kleid kann man dasjenige bezeichnen, in welchem die Hühnchen flugfähig sind, d. h. auf Bäume gehen; es bilden sich Brustfedern. Dieses Stadium fehlt mir.

Ein 4. Kleid ist vorn in der Mitte (c. $^3/_4$ n. Gr., Archangel, No. 9137 Mus. Dr.) abgebildet. An Kopf und Kehle noch Dunen. Auffällig sind hier die hellen Schaftstreifen und hellen Kiele an Brust und Flügel. Dieselben sind jedenfalls von Bedeutung, und repräsentiren vielleicht ein Vorfahrenkleid als ererbten und vergänglichen Rest (wie beispielsweise junge Kasuare längs-gestreift sind).

Ein 5. Kleid ist in dem grossen Vogel links dargestellt, und zwar eines mit beginnendem Hahnengefieder ($^2/_3$ n. Gr., Archangel, No. 9136 Mus. Dr.). Es ist eigentlich dreifarbig und zeigt braune Federn, schwarze Federn mit blauem Stahlglanz und die hellen Jugendfedern. Auch hier sind noch Reste von Längsstreifung der Federn und Kiele. Auffallend ist ausserdem ein hellbrauner Streif über dem Auge.

In der Form fast ausgebildet und im 1. Stadium des letzten Kleides ist der grosse Vogel rechts auf Tafel IV (c. $^2/_3$ n. Gr., Schweden, No. 7056 Mus. Dr.). An Kopf und Hals, sowie auf der Brust noch einige Reste von Jugendfedern. Ein Theil der Schulterfedern und Schwingen 3. Ordnung hellbraun mit langen tropfenartigen Schaftstrichen, Reste des Jugendkleides, welche wohl ebenfalls als Reste eines Vorfahrenkleides zu deuten sind. Stoss schmal (nicht ganz 1 mm) weiss berandet, was später ganz verschwindet.

In einem weiteren Stadium der Entwicklung, ehe das ausgefärbte Hahnenkleid erscheint, ist bemerkenswerth, dass die Flügel theilweise eine auerhahnartige Färbung zeigen. Oberstoss, Schulter-federn, Tertiär- und zum Theil die Aussenfahnen der Secundärschwingen, sowie die Weichenfedern braun gesprenkelt. Bei einem Exemplar (No. 9116) an den Kopfseiten, dem Zügel, Kinn und Kehle zarte weisse Federränder, auf welche ich bei Besprechung des Rackelhahns zurückkommen werde, da sie mit zur Charakteristik des letzteren gehören. Nach Hoppe (bei Wurm: „Zoolog. Garten" 1880 p. 90) sollen die Birkhähne erst im 3. Jahre einen weissen Flecken unter dem Schnabel bekommen, allein dieses ist, wie das oben beschriebene unausgefärbte Exemplar zeigt, nicht richtig; das Weiss, welches man auch bei älteren Exemplaren hier und da trifft, hat mit dem Alter Nichts zu thun.

Ueber die Jagd macht u. A. Lloyd (l. c. p. 85—102) interessante Angaben.

TAFEL V.
Abnormes Birkwild.

Varietäten des Birkwildes findet man in der Literatur viel häufiger erwähnt als solche vom Auerwild, dennoch konnte ich bis jetzt nur relativ weniger Exemplare habhaft werden.

Varietäten von Birkhähnen.

Was zuerst Birkhähne anlangt, so beschreibt Nilsson (Skand. Fauna II 1858 p. 65) zwei Varietäten: „Bräunlich aschgrau, mit weissem Unterbürzel und einem weissen Strich über den Flügeln", und: „Weiss mit zerstreuten schwarzen kleinen Flecken auf dem Kopfe, dichter und grösser auf Hals, Rücken und Flügeldeckfedern. Bauch weiss mit schwarzen Querflecken. Flügel und Schwanzfedern weiss, ungefleckt. Schenkel und die bis zu den Zehen flaumigen Tarsen weiss. Die äusseren Schwanzfedern nach aussen gebogen." Ferner sagt er: „An dem Dovrefall und in Drontheim erzählte man mir von einem Birkhahne, welcher kleiner sei als der gewöhnliche, und von grauer Farbe. Man hatte ihm den Namen Halb-Birkhahn gegeben und versicherte, dass er nicht selten unter den Vögeln vorkäme, welche im Winter von den Gebirgsgegenden zum Verkauf in Drontheim heruntergebracht würden."

Bechstein (gemeinnützige Naturgesch. Deutschlands III 1807 p. 1323) erwähnt aus Thüringen folgende Varietät: „Körper schwarz und weiss gefleckt, Flügel und Rücken ganz weiss, Hals klar weiss gefleckt."

Lloyd (l. c. p. 73) sagt: „Several males beautifully variegated with white have come under my own observation." Bei so ungenügender Beschreibung lässt sich nicht beurtheilen, ob hier nicht Bastarde mit dem Schneehuhn vorlagen.

Bogdanow (l. c. p. 27) erwähnt folgende Varietäten: „a. Variétés tâchetées. Les plumes noires normales entremelées des plumes blanches; chez quelques individus le dos est entièrement blanc, chez d'autres, au contraire, c'est le ventre qui est blanc. L'albinisme se repand aussi sur les ailes et la queue... b. La variété d'un gris de fumée se rencontre plus rarement que les précédents... c. Variété d'un brun pâle (couleur d'argile). Les plumes avec des bandelettes et des zigzags noirs. Peut-être c'est le commencement de gynandrie." Diese letzte Bemerkung ist sehr interessant, ich werde bei der Besprechung der hahnenfedrigen Birkhennen auch auf hennenfedrige Hähne zu sprechen kommen. Collett (apud Dresser l. c. p. 207) sagt, dass hauptsächlich die Männchen in Norwegen variiren. „Some are almost uniform white in colour, others speckled with white; and in Southern Norway a variety having the back and scapulars spotted with white is not uncommon."

Gloger (Vollst. Hdb. d. Naturgesch. der Vögel Europa's I 1834 p. 509) classificirt die Varietäten der Männchen folgendermaassen: „a. rein schneeweiss; b. weissgefleckt; c. weiss und schwarz gefleckt; d. semmelgelblich; e. bräunlich asch- oder rauchgrau." Es ist aber mehr als fraglich, dass ihm zu all' diesen Varietäten die Exemplare vorgelegen haben, und es ist daher auf solche Angaben wenig Werth zu legen.

Ein vollkommen weisser Birkhahn soll am Lauerkogel bei Grossraming (Ober-Oesterreich) im Jahre 1885 erlegt worden sein (Jagd-Zeitung 28. Jahrg. p. 370), allein ich konnte dieses Exemplar nicht erhalten. Lehrer Schlegel in Scheibenberg (Sachsen) theilte mir im vorigen Jahre mit, dass er auf Unterscheibner Revier einen Birkhahn mit weissen Flügeln beobachtet habe. Wurm berichtet im „Zoologischen Garten" 1878 p. 297 von einem vorwiegend grauweissen Birkhahn des Stuttgarter Museums und 1880 p. 89 nennt dieser Autor „schneeweisse, sammetfarbige, weissgefleckte, rauchgraue Exemplare", welche vereinzelt zur Beobachtung gekommen seien.

Rohr („Das Birkwild" 1885 p. 8) beschreibt als Birkhahn-Varietät eine hahnenfedrige Birkhenne, und zählt dann z. Th. nach v. Tschusi, z. Th. nach eigener Erfahrung eine Reihe von „Birkhahn-Varietäten" auf, von denen einige sicherlich Bastarde zwischen Birk- und Schneewild oder Abkömmlinge von solchen Bastarden mit Birkwild, andere jedoch Albinos oder sonstige Varietäten sind: Nach Palliardi sollen weisse Varietäten im Böhmerwalde immer an einer gewissen Oertlichkeit vorkommen. (Dasselbe führt auch Dresser l. c. p. 210 anscheinend auf die Autorität von Fritsch hin an.) Im fürstlich Schwarzenbergischen Museum auf dem Jagdschlosse Wohrad bei Frauenberg stehe ein bei Winterberg erlegtes, schmutzigweisses Exemplar, im Wiener Museum ein weisses, gleichfalls aus Böhmen stammendes, mit braunem Kopf, Hals und ebensolcher Oberbrust, stellenweise mit blauem Metallglanze, meist durch weissliche Federränder unterbrochen, und mit einigen braunen Federn am Bauche. (Letzteres gewiss keine einfache Birkhahn-Varietät.) In der Sammlung des Herrn Reitet in Innsbruck ein Stück mit weissgescheckter Kehle und ebensolchem Nacken; ein gleichgezeichnetes in einer anderen Innsbrucker Sammlung.

„Ein sehr schöner Hahn mit grösstentheils weissen Schwingen, weissgeflecktem Oberhalse und ebensolchen Halsseiten wurde 1880 in Tirol erlegt. Einen gelblich weissen Hahn aus Dobrotwor in Galizien besitzt das grfl. W. Dzieduszicki'sche Landesmuseum in Lemberg. (In dem Catalog dieses Museums, 1880, ist das Exemplar nicht erwähnt.) Am 10. October 1883 erlegte Herr Norz aus Innsbruck ebenfalls einen Birkhahn mit ganz weissem Kopfe und nahezu ganz weissen Schwingen. Herr Müller in Lobming (Obersteier) erlegte am 14. Mai 1883 ebenfalls einen abnorm gefärbten Birkhahn. Derselbe war am ganzen Körper mehr mit weissen, als mit schwarzen Federn bekleidet. Der sonst metallisch blauglänzende hintere Theil ist weiss und zart grau gesprengt; nur am Kopfe ist die metallischblaue Farbe vorhanden, mit wenigen weissen Federn untermengt. Die Federn des Spieles sind der Länge nach weiss und schwarz gestreift und nur die zweite krumme Feder der rechten Seite ist weiss und etwas grau melirt. Das Spiel besitzt auf jeder Seite fünf krumme Federn von gewöhnlicher Form. Von den geraden Federn sind die mittleren ganz weiss, die Unterstossfedern schwarz gefleckt. Der Hahn wurde als vierjährig angesprochen. Anfangs glaubte man, es mit einem Blendlinge zwischen Birkwild und Schneehuhn zu thun zu haben, dem widerspricht aber das regelmässige Rauschen und Rodeln, das ganze Benehmen am Balzplatze und besonders der regelmässig gebildete Stoss, sowie die Stärke des Hahnes. Das Exemplar befindet sich ausgestopft im Besitze des Jagdherrn." Dieser Vogel ist wahrscheinlich ein Bastard 2. Grades, d. h. ein Abkömmling eines Bastardes zwischen Birk- und Schneewild mit Birkwild.

Herr Keller in Mauthen erlegte i. J. 1879 im hinteren Bregenzerwalde einen der Stärke nach fünfjährigen Hahn mit prachtvollem Stoss: „Der Schnabel war graubraun, zwischen den metallglänzenden Federn des Kopfes spitzelten überall weisse hervor. Am Hinterkopfe zog sich ein halbmondförmiger weisser Fleck. Am Halse waren nur wenige weisse Federn, dagegen aber sehr viele über dem Rücken und in den Schwingen. Die letzteren waren an den Seiten weiss melirt. Die Brust war schwarzbraun gewellt und zeigte eine wunderschöne Zeichnung. Durch die Wellenränder stechen vereinzelte weisse Federn hervor, welche gegen den Bauch zu immer häufiger werden. Die Deckfedern des Stosses zeigten ein schönes intensives Braun. Drei Federn desselben waren von unten auf bis über die Hälfte blendend weiss, in der Krümmung aber wieder normal gefärbt. Die sonst weissen Federn des Stosses waren schwach braun gewässert, mit sechs ziemlich grossen, schwärzlichen Punkten." Dieses war gewiss ein Bastard zwischen Birk- und Schneewild. Nahe derselben Stelle soll einige Jahre früher ein Birkhahn erlegt worden sein, welcher noch mehr weisse Federn getragen habe.

„1884 wurde im Kärntischen Gailthale in der Valentinalpe ein Birkhahn erlegt, welcher eine ganz normale Färbung zeigte, bis auf den Unterstoss. In demselben waren die sonst weissen Federn über und über mit braunen und schwarzen Punkten und langen Schaftflecken mit scharfer Abgrenzung bespritzt. Der Hahn wurde als dreijährig angesprochen." In dieser Anomalie sehe ich eher eine accidentelle Varietät, ebenso wie in dem gleich zu beschreibenden und von mir abgebildeten schwarzgeränderten Unterstoss. (Soweit nach Rohr.)

Saunders (in Yarrel's British Birds 4th. ed. vol. III p. 67) bemerkt: „Males from Siberia show more white than western specimens, but beautiful examples with white-mottled breasts and wing-coverts may also, though rarely, be obtained in Scotland."

In der „Jagd-Zeitung" vom 1. August 1885 (p. 439) wird mitgetheilt, dass „Herr Dr. Schindler aus München im Dachauer Moose einen normal starken Birkhahn erlegte, dessen sonst ebenfalls normales Spiel das Auffallende zeigte, dass sämmtliche weisse Unterstossfedern an der Spitze einen schwarzen Rand haben, der circa 2 cm von der Spitze seitlich schmal beginnend in der Mitte einen abwärts stehenden Kegel bildet in der Ausdehnung von 2 cm." Herr Dr. Schindler hatte die Güte, mir diesen Stoss einzusenden, und ich habe denselben auf Tafel V an dem verkleinerten Birkhahn oben rechts zur Darstellung gebracht. Während sonst stets der Unterstoss des Birkhahnes weiss ist mit mehr oder weniger Schwarz an der verdeckten Basis der Federn, und nur selten an den Spitzen derselben schwarze Ränder auftreten, hat dieser Stoss ganz weisse Federn, ohne Schwarz an der Basis, dagegen an den Spitzen grosse schwarze bis circa 1½ cm breite Keilflecke und schwarze Ränder, wie oben beschrieben. Man kann solcher Varietät zwar vielleicht keine besondere Bedeutung beilegen, aber immerhin ist dieselbe nicht uninteressant, und jedenfalls ist sie werth registrirt zu werden, so unbekannt ihr Grund bis jetzt auch bleibt. Nach Hoppe (bei Wurm: Zool. Garten 1880 p. 90) bekämen Birkhähne im hohen Alter einen schwarzbunten Fleck unter dem Schwanze, wo zuvor alle Federn weiss gewesen, und nach Charleton u. A. vermindere sich mit zunehmendem Alter die Anzahl der weissen Flecken daselbst.

Harting endlich beschrieb 1885 in „The Zoologist" vol. IX No. 98 p. 41 eine aus Norwegen stammende „singular variety of the Black Grouse" und bildete dieselbe auch ab, ohne sich näher über ihre Natur auszulassen; dieses Exemplar gleicht sehr dem grossen Hahne meiner Tafel V, es scheint nur schwärzer auf der Oberseite zu sein; Evans (Zool. Record 1885 Aves p. 56) hielt es irrthümlicherweise für eine hahnenfedrige Henne. Harting's Beschreibung lautet: „The feathers of the head, neck and breast are of the usual glossy black, but those of the upper portion of the back, scapulars and upper wing-coverts are white, with dark shafts, dark centres, and dark margins. The central portion of the back presents a much blacker appearance, in consequence of each feather being dark, with a white margin; while the upper tail-coverts are marked like the scapulars, but darker in tone. The primaries and secondaries are grey, inclining to white at the extremities; the tail-feathers white, broadly terminated with black, the white portion just above the black tips being somewhat speckled on both webs; the under tail-coverts, as usual, pure white."

Einen diesem jedenfalls sehr ähnlichen Hahn habe ich in ⅔ n. Gr. auf Tafel V (der grosse Vogel rechts) zur Darstellung gebracht. Ich verdanke denselben meinem geehrten Freunde Collett, welcher ihn für einen Albino ansieht. Der Hahn wurde im December 1883 bei Röros in Norwegen wahrscheinlich zusammen mit der daneben abgebildeten Henne erbeutet und trägt jetzt die No. 8434 des Dresdner Museums. Er hat die folgenden Maasse: Schnabel vom culmen in gerader Richtung bis zur Spitze 2.8; unbefiederter Oberschnabel 1.2; Schnabelbreite vor dem Nasenloch 1; Flügellänge 25.8; die erste Schwinge gleich der siebenten; die achte 2.8 cm kürzer und gleich den Secundärschwingen; Länge der äussersten Stossfedern gestreckt 17; Länge der mittleren Stossfedern 11.1; Tarsen 5.1; mittlere Zehe ohne Nagel 4.5; Nagel 0,85.

Färbung von Kopf und Hals diejenige des Birkhahnes; am Hinterhalse etwas mit Braun gefleckt. Nach dem Rücken zu beginnen die Federn am Ende weiss gestrichelt zu erscheinen; die Federn des Oberrückens weiss, die verdeckte Basis einfarbig, in der Mitte mehr oder weniger dicht schwarz gestrichelt, am Ende stahlblau gerandet. Mittelrücken und Bürzel mit breiteren (bis 3 mm) stahlblauen Endbinden, auf dem Bürzel etwas bräunliche Zeichnung, Unterrücken und kleine Stossdecken mit weniger Schwarz und ohne stahlblaue Endbinden. Grosse Stossdecken mit einem schwarzen Schaftstrich und schwarz gerandet, am äussersten Ende ein nach oben verlängerter schwarzer Keilfleck. Stoss schmutzig weiss, mehr oder weniger mit Schwarz gestrichelt, eine subterminale fast 2 cm breite schwarze, in gewissem Lichte grau scheinende Binde, entstanden durch die Verdichtung jener schwarzen Strichelung, eine tiefsammetschwarze Endsaumbinde, in der Mitte keilförmig nach oben ausstrahlend und die mittleren Federn sehr schmal weiss gesäumt. Stossunterseite ebenso, nur die subterminale Binde etwas schwärzer und mehr dem Ende zugerückt. Weisser Achselfleck sehr klein. Schulterdecken schmutzig weiss, spärlich bräunlichschwarz gestrichelt, theilweise mit schwarzen Schaftstrichen und mit schwarzen, in der Mitte anschwellenden Spitzenrändern. Die kleinen und mittleren Flügeldecken mit dichter tiefschwarzer ähnlicher Zeichnung, die grössten Flügeldecken ohne das auffallende Schwarz. Die zwei ersten Primärschwingen schwärzlichbraun mit etwas weisser Zeichnung, die übrigen weiss mit etwas schwärzlichbrauner Zeichnung, Schäfte hellbräunlich. Secundär-, Tertiär- und Handschwingen schmutzigweiss, Kiele weiss, an der Endhälfte schwarz, an der Spitze ein keilförmiger Schaftstrich und spärliche dunklere Strichelung; Endsäume schmal dunkel gerandet. Untere Flügeldecken weiss. Unterseite der Flügel weiss, die äussersten Primärschwingen mehr oder weniger graubraun. Obere Brust und Bauch schwarz, die Federn mit weisser Basis und spärlicher weisser Strichelung am Ende; untere Brust und Brustseiten weisser mit schwarzen regelmässigen Schaftflecken. Die Zeichnung der ganzen Unterseite macht den Eindruck derjenigen einer unserer gesperberten Haushühnerrassen. Dem After zu etwas grauer, untere Schwanzdecken weiss. Hosen und Tarsenbefiederung schwarzbräunlich mit Weiss.

Ist es ein partieller Albino? Ich neige mehr dazu, eine Bastardform in diesem Exemplar zu sehen, worauf ich bei Besprechung der Bastarde zwischen Birk- und Schneewild noch eingehen werde. Was mich veranlasst, Collett's Auffassung eines einfachen Albinos nicht ohne Weiteres zuzustimmen, ist Folgendes:

Die Vertheilung von Weiss und Schwarz findet sich ganz regelmässig verbreitet, während diese bei Albino's mehr oder weniger unregelmässig aufzutreten pflegt. Ferner erinnert die Einfarbigkeit von Kopf und Hals an das Hochzeitskleid des Schneehahnes in seiner Einfarbigkeit an diesen Theilen, und es wäre auffallend, dass an Kopf und Hals gar kein Weiss auftreten sollte, wenn es ein Albino wäre. Dann ist die Schwanzzeichnung schwerer zu verstehen, wenn man hier nur Albinismus annimmt, indem die abgesetzte schwarze Binde doch eine Erklärung fordert; auch wäre die Kleinheit des Achselfleckes bei einem Albino nicht verständlich. Die Uebereinstimmung endlich mit der neben dem Hahn auf Tafel V abgebildeten Henne, welche muthmaasslich zu dem Hahne gehört, spricht ebenfalls gegen Albinismus, wie wir gleich bei der Besprechung der Henne sehen werden.

Varietäten von Birkhennen.

Varietäten von Birkhennen sind nicht so häufig beschrieben, wie solche von Birkhähnen, scheinen aber durchaus nicht seltener. Nilsson (Skand. Fauna II, 1858 p. 65) erwähnt nur eine: „Oben weiss mit zerstreuter undeutlicher bräunlicher wellenförmiger Zeichnung. Tarsenbefiederung schmutzig weiss, undeutlich braun geflammt. Mus. Carlsson. III. tab. 66." Nilsson hatte diese schon in seiner Orn. suec. I p. 302 1817 beschrieben.

Bogdanow (Consp. av. imp. ross. 1884 p. 28) handelt ausführlicher darüber: „Les variétés sont plus nombreuses parmi les femelles, parceque ces dernières sont colorées de noir, de roux, de blanc, et le dessin de leur plumes est assez compliqué. a. L'albinisme partiel. Parmi les femelles se trouvent des individus avec des plumes blanches isolées, distribuées irrégulièrement. De pareils phénomènes ne sont pas rares. Il est probable, que parmi ces variétés il y a des bâtards provenant du croisement entre le Coq de bruyère et le Lagopède blanc. Mais nous ne pouvons pas affirmer, que ce sont des bâtards puisque leurs doigts ne sont pas emplumés. b. Variété d'un gris de fumée. Le dessin des plumes a disparu presque entièrement... c. Albinos. Nous possédons une seule femelle qui est entièrement d'un blanc pur. d. Variété rousse. La couleur noire, disparue presque entièrement, est remplacée par la couleur rousse, les bandes blanches sont devenues aussi roussâtres. e. Variété leucomèle. La couleur rousse a complètement disparue et est remplacée par le blanc. Enfin il y a une femelle qui a conservée toutes les couleurs normales, mais le dessin des plumes est modifié sensiblement."

Gloger (l. c.) spricht von einer weissen Henne mit einzelnen bräunlichen Wellen, welche auch Naumann (l. c. p. 332) erwähnt hatte; beide aber meinten damit wohl nur die schon 1817 von Nilsson beschriebene (s. oben). Sonst liegen mir keine literarischen Angaben vor, ohne aber dass ich Vollständigkeit in meinen obigen Notizen beanspruche.

Ich habe auf Tafel V oben links in circa $^1/_3$ natürlicher Grösse zwei Varietäten der Birkhenne abgebildet, deren Maasse bereits Seite 4 mitgetheilt sind:

Der linke Vogel (No. 8159 des Dresdner Museums) von Archangel, durch Henke, ist anscheinend eine fahler gefärbte Birkhenne. Besonders auffallend ist eine bläulichgraue Binden- und Fleckenzeichnung hauptsächlich auf den Innenfahnen der Stossfedern und der Tertiärschwingen, an Stellen, wo die normale Birkhenne schwarz ist; diese Färbung repräsentirt einen Mangel an dunklem Pigment. Das Braun dazwischen ist rostfarbener als beim normalen. Primärschwingen sehr fahl bräunlichgrau, die grösseren besonders an den Innenfahnen dem Kiele entlang. Unterstoss schmutzig weiss mit matten fahlbräunlichen Querbinden. Hals und Brust erscheinen sehr schmal gebändert.

Der rechte der zwei Vögel oben links auf Tafel V (No. 9121 des Dresdner Museums) stammt ebenfalls von Henke aus Archangel, wo er Anfang der sechziger Jahre im Herbst in Schlagfallen mit zwei anderen ähnlichen gefangen worden ist. Es ist anscheinend eine fahle Birkhenne, aber viel bräunlichgelber als die erstere, die Zeichnung auf der Unterseite wenig ausgeprägt. Bindenzeichnung an Kopf, Hals und Oberbrust fast gänzlich verschwunden, nur sehr schmale Ueberreste hier und da vorhanden, so dass man fast von einem einfarbigen hell braungelben Brustschilde sprechen könnte. Das Blaugrau im Stosse noch auffallender als bei der vorigen. Flügel und Untertoss wie bei dieser, nur die Bindenzeichnung auf letzterem dichter und durchgehend, während sie bei der anderen sich meist nur auf eine Fahne beschränkt. Alles übrige für beide Hennen ist aus den Abbildungen ersichtlich.

Ich finde keinen Grund, in diesen zwei Hennen etwas Anderes zu erblicken als Farbenvarietäten, denn die Maasse stimmen gut mit denen der normalen Henne überein. Nur ein Umstand ist auffällig: Während bei letzteren stets die 7. Schwinge viel länger ist als die 1., ist bei No. 8159 die 7. viel kürzer als die 1. und bei No. 9121 die 7. gleich der 1. Auf die Schwingenverhältnisse werde ich unten bei der Besprechung der Bastarde zwischen Birk- und Schneewild zurückkommen. Ob in denselben zusammen mit der erwähnten schmalen Bänderung und dem Fehlen derselben ein Charakter liegt, welcher eine besondere Bedeutung beansprucht, vermag ich nicht zu beurtheilen.

Links im Vordergrunde der Tafel V ist in circa $^2/_3$ natürlicher Grösse eine Henne abgebildet, welche dem Museum in Christiania gehört, und welche Herr Collett so gütig gewesen ist, mir zu diesem Zwecke zu leihen. Sie ist bezeichnet als T. tetrix var. und wurde im December 1883 bei Röros in Norwegen erlegt. Wegen des gleichen Datums und Ortes und der vielfachen Uebereinstimmung mit dem daneben abgebildeten Hahne (No. 8434 des Dresdner Museums) vermuthe ich eine Zusammengehörigkeit von Hahn und Henne.

Die Maasse der letzteren sind die folgenden:

Schnabel vom culmen in gerader Richtung bis zur Spitze .	2.7 cm
Unbefiederter Oberschnabel in gerader Richtung	1.4 „
Höhe des Schnabels vor dem Nasenloch .	1.1 „
Breite des Schnabels vor dem Nasenloch .	1

Länge der Flügel . . . . 23 cm
(die 7. Schwinge wenig länger als die 1. auf einer Seite, auf
der anderen wenig kürzer)
Länge der äussersten Stossfedern . 13 „
Länge der mittleren Stossfedern . . 10 „
Länge der Tarsen . . . 4.7 „
Länge der mittleren Zehe ohne Nagel . 3.8 „
Länge des Nagels der mittleren Zehe . 1.4 „

Diese Henne macht, wie auch die Abbildung, einen fremdartigen Eindruck, nicht denjenigen einer Birkhenne und nicht den einer Schneehenne. Kopf und Hals birkhennenartig, an letzterem die Binden weniger ausgeprägt, besonders am Unterhals; dieser ist gegen die schmutzig weisse Brust mehr oder weniger abgesetzt. Unterseite im Ganzen mit viel Weiss, Bauchmitte schwärzlich. Oberseite hellbraun mit Schwarz und Weiss gezeichnet, das Weiss symmetrisch und vielfach scharf abgesetzt. Die ganze Zeichnung gestrichelt wie beim Hahne. Die grossen schwarzen Flecken der Birkhenne fehlen und sind nur durch eine schmale subterminale Federbinde repräsentirt. Schwanz weiss mit 2.5—3 cm breiter dunkler subterminaler Binde und dunklen keilförmigen Spitzenflecken, die dunklen Parthien mehr oder weniger mit Braun gesprenkelt. Die Unterseite des Schwanzes ebenso, aber die subterminale Binde dunkler und mehr dem Ende zugerückt, genau wie beim Hahne. Unterstoss weiss mit dunklen, theilweise braun gezeichneten Querbinden. Unterflügeldecken rein weiss. Weisser Achselfleck sehr klein.

Auch diesen Vogel habe ich gewisse Bedenken für einen partiellen Albino zu halten, und zwar aus ähnlichen Gründen wie ich sie bereits oben bezüglich des Hahnes geltend machte. Gegen Albinismus bei der Henne spricht die regelmässige Vertheilung des Weiss, der kleine Achselfleck, der abgesetzte braune Hals, welcher an das Hochzeitskleid des Schneehahns erinnert, und die Schwanzzeichnung besonders, da die scharfe dunkle Binde durch die Annahme von Albinismus nicht zu erklären ist, wobei wohl in Betracht kommt, dass Schneehahn und Henne im Sommerkleide eine weisse Schwanzbasis haben; sie ist zwar wenig ausgedehnt, aber immerhin vorhanden. Bei der vorliegenden Henne ist das Weiss der Schwanzbasis eben ausgedehnter. Genau dieselbe Erscheinung findet man beim Hahne wieder, und es muss daher die Deutung in beiden Fällen dieselbe sein. Ich werde bei der Besprechung der notorischen Bastarde zwischen Birk- und Schneewild auf diese 2 Exemplare zurückkommen.

TAFEL VI UND VII.

Hahnenfedrige Birkhennen in braunen und in dunklen Kleidern.

Hahnenfedrige Birkhennen sind häufiger beschrieben worden als hahnenfedrige Auerhennen. Nilsson (Skand. Fauna II 1858 p. 64) zuerst: „Gescheckt, aber von einer viel dunkleren Farbe als die der gewöhnlichen Birkhenne; und, was sofort auffällig ist, dass die 4—5 seitlichen Schwanzfedern lang und nach aussen gebogen sind, wie die des Birkhahnes. Siehe weiter Illum. Fig. till Skand. Fauna II pl. 164 med text. Mus. Lund." Dann ausführlicher Tobias im Journal für Ornithologie 1854 p. 88; ferner v. Pelzeln ein Exemplar des Wiener Museums (Verh. zool. bot. Ges. 1865 XV, 946); Dresser (Birds of Europe VII 1873 p. 206) ein Exemplar seiner Sammlung, welches auch (auf Tafel 487) abgebildet ist.

Collett bemerkte (Remarks Orn. N. Norway 1873 p. 49): „Sterile specimens of this species are often met with, and such sometimes attain very nearly the dress of the young male." Dann (apud Dresser l. c. p. 207): „Sterile females are found annually. They agree with the males more or less in plumage, but are easily recognizable by their under tail-coverts, which are almost always pure white, unspotted, and by having the lower portion of the throat more or less white. Only very old sterile females have the blue neck and curved tail-feathers. Sterility is not always a sign of old age, as young sterile females are met with having diseased ovaries, which appears to be the general cause of sterility." Der von Collett angegebene Charakter, dass die unteren Schwanzfedern fast immer rein weiss sind, ist nicht stichhaltig, vielmehr ist dieses die Ausnahme, die Regel eher Fleckung und Zeichnung, wenn auch oft versteckte; auch findet man dem Gefieder nach jüngere hahnenfedrige Hennen, welche bereits einen ausgeprägten lyraförmigen Schwanz haben.

v. Tschusi erwähnte ein Exemplar in einer kleinen Innsbrucker Privatsammlung („Waidmann" 1876 No. 10), Wurm („Zool. Garten" 1880 p. 89) eines aus Böhmen, welches im „Waidmann" 1875 p. 272 als Bastard zwischen Fasan und Birkhuhn beschrieben worden war. v. Loewis beschrieb im „Zool. Garten" 1880 p. 123 ausführlich ein Exemplar aus Livland, Rohr (Das Birkwild 1885 p. 8) eines aus Tirol, welches derselbe für eine Farbenvarietät des Birkhahnes ansah, Talsky (Mitth. Orn. Ver. Wien 1884 p. 183) eines aus Mähren, als Rackelhahn, v. Middendorff (Sibir. Reise II. Bd., 2. Thl. 1851 p. 201) eines als jungen Birkhahn, worauf A. Wiebke (Journ. f. Orn. 1885 p. 394) aufmerksam machte, und Eder (Mitth. Orn. Ver. Wien 1886 p. 275) eines aus Böhmen als Birkzwitter, welches ich unten näher beschreiben werde.

Bogdanow (Consp. av. imp. ross. 1884 p. 29) sagt: „Femelles au plumage des mâles. Nos deux Musées possèdent seize individus de femelles androgynaires, qui représentent en divers degrés le développement de la coloration du mâle. Mais parmi ces femelles il n'y a pas une seule qui ait obtenue le plumage parfait du mâle. Quelques femelles ont la coloration rappellant celle de L. scoticus Lath." Im „Journal für Ornithologie" (1885 p. 394) ist erwähnt, dass die Wiebke'sche Sammlung in Hamburg 6 hahnenfedrige Birkhennen enthalte.

Abbildungen findet man noch bei Jardine und Selby: Illustrations of Ornithology (1842) pl. 53 N. S.: eine Henne mit fast normalem Gefieder, aber mit der Schwanzform des Hahnes (ähnlich unserer 5. Stufe) und pl. 47 N. S.: eine ziemlich vorgeschrittene dunkle hahnenfedrige Henne aus Schottland; ferner bei Sundevall: Svenske Foglarna pl. 33 fig. 3 p. 249 (1856): ein dunkles Kleid und bei Lloyd: Game birds of Sweden and Norway.

Ich habe auf Tafel VI drei in dunklen Kleidern darstellen lassen. Im Ganzen liegen mir 12 Exemplare vor mit folgenden Maassen (daneben zum Vergleiche die Maasse von Birkhahn und Birkhenne).

	Birkhennen	braun					dunkel							Birkhähne
Laufende Nummer . .		1	2	3	4	5	6	7	8	9	10	11	12	
No. des Dr. Mus. od. Slg.		9117	7982	Wolschke	9118	Eder	7983	7054	Wolschke	7055	9120	9119	M. Christ.	
Vaterland .		Archang.	N. Russld	Orenburg	Archang.	Böhmen	Schweden	Perm	—	Ural	Archang.	Archang.	Norwegn.	
Abbildung .		T.VI lks. ob., c. ⁴⁄₅	T.VI vorn links, c. ⁴⁄₅	—	T.VI rchs c. ⁴⁄₅	—	—	—	—	T.VII lks c. ³⁄₅	T.VII r. c. ³⁄₅	T. VII hint. c. ¹⁄₃	—	
Stufe		2.	3.	4.	5.	5.	6.	6.	6.	6.	7.	7.	8.	
Schnab.v.clm.i.gr.Rchtg.	2.5–2.6	2.5	2.7	2.8	2.75	2.7	2.75	2.75	2.9	2.65	2.6	2.55	2.75	2.95–3.4
Oberschnab. v. d. Befied.	1.3–1.4	1.2	1.2	1.4	1.15	1.35	1.35	1.4	1.4	1.35	1.3	1.2	1.35	1.55–1.6
Schnabelhöhe v. d. Befied.	1.15–1.25	1	1.2	1.15	1.05	1.1	1.1	1.2	1.2	1.2	1.2	1.2	1.1	1.25–1.3
Schnabelbr. vor d. Befied.	1–1.05	0.9	0.9	1	0.9	1	1	1	1	1.05	1.05	0.95	1	1–1.15
Flügel .	23.3–24.3	24	23.5	23.5	24.5	23.3	25.2	23.5	25	23	24.6	24	23.3	26–27
Acuss. Stossfed. (gestr.)	12.6–13.7	13	14	14.5	17.5	17	16.5	18.5	16.5	15.8	13.6	17	18	22
Mittelste Stossfedern .	9.7–10	9	10	10.2	10	9.5	10.5	9	9.6	9.7	10	9.7	10	11
Tarsen .	4.7–5	5.2	5	4.9	5	4.6	4.9	5	5	5.2	4.8	4.9	4.9	5.5–5.6
Mittlere Zehe ohne Nagel	3.25–4	4.2	3.8	3.9	3.9	4.2	3.9	3.8	3.7	3.8	3.9	3.8	3.9	4.2–4.65
Nagel .	1.2–1.3	1.1	1.15	1.1	1	1	1.15	1.35	1.15	1.3	1.1	1.1	1.1	1.1–1.5

Fast alle Maasse der hahnenfedrigen Hennen bleiben hinter denen des Hahnes, und zum Theil beträchtlich, zurück, während sie diejenigen der normalen Henne manchmal übertreffen. Ob es hahnenfedrige Hennen giebt, welche die Grösse des Hahnes vollkommen erreichen, kann ich nicht aussagen, ich bin jedoch geneigt, es zu bezweifeln.

Die verschiedenen Kleider der hahnenfedrigen Hennen gehen, selbstverständlich, allmählich ineinander über, man kann jedoch der Uebersichtlichkeit halber die folgenden Stufen unterscheiden, wobei ich aber besonders hervorhebe, dass die Tendenz hahnenfedrig zu werden sich bald auf dem einen, bald auf dem anderen Wege Bahn bricht, und also die Entwicklung nicht immer denselben Gang geht; hier ist die Form des Schwanzes voll ausgebildet und das Gefieder noch im braunen Stadium, fast unverändert, dort die Färbung fast bis zum Hahnenkleid vorgeschritten und die Form des Hahnenstosses wenig ausgeprägt.

Braune Kleider (Tafel VI).

1. Eben beginnende Hahnenfedrigkeit, in meiner Suite nicht vertreten.

2. (Tafel VI oben links, circa $^1/_3$ natürlicher Grösse, No. 1 der Maasstabelle.) Zum Theil noch das Jugendgefieder des Weibchens vorhanden, besonders an Kopf und Hals (ähnlich dem Jugendgefieder des Männchens auf Tafel IV), aber schon sind die Zeichen der Hahnenfedrigkeit vielfach ausgesprochen: die weissen Schaftstriche auf der Unterseite, die weisse Kehle, der schwarze Bauch, die dunklen fein gezeichneten Flügel, das Stahlblau auf Bürzel, Kopf und Brust, an letzteren beginnend. Unterstoss weiss, lebhaft schwarz und braun gebändert. Hier scheint also das erste bleibende Federkleid bereits ein hahnenfedriges zu sein.

3. (Tafel VI vorn links, circa $^2/_3$ natürlicher Grösse, No. 2 der Maasstabelle.) Schwarzer Bauch, weisse Schaftstriche, die Bindenzeichnung der Brust verdeckt durch Breiterwerden der granulirten Federränder, Brustseiten mit viel Schwarz, feinere Flügelzeichnung, weisse Kehle, weisser Augenstreif, etwas verlängerte Stossfedern. Unterstoss weiss, stark mit Schwarz gebändert.

4. (No. 3 der Maasstabelle.) Auf der Unterseite die braune Färbung fast verschwunden, weisse Schaftstriche, weisser Kehlfleck sehr gross und rein, hinter dem Auge ein weisser Streif, Bürzel und Flügeldecken fein hellgrau melirt, Rücken, Bürzel und Hinterhalsfedern mit stahlblauen Rändern, Stoss einfarbiger schwarz, besonders am Ende, die äusseren Federn merklich verlängert. Stossbasis weiss. Unterstoss weiss, einige Federn schwarz gebändert und gefleckt. Dieses Exemplar hatte Herr Oscar Wolschke in Annaberg (Sachsen) die Güte, mir aus seiner Sammlung zukommen zu lassen.

5. (Tafel VI, rechts, in circa $^2/_3$ natürlicher Grösse, No. 4 der Maasstabelle und No. 5.) Dunkler Bauch, weisse Schaftstriche auch auf den Schulterdecken, weisser Kehlfleck, Oberseite mit feinerer Zeichnung und vorherrschendem Blau, Stoss sehr geschweift, bis zur Spitze braungefleckt, an der Basis von No. 5 ein kleines weisses Fleckchen, einige Federn schwarz gebändert (No. 4) und mit zahlreichen kleinen Fleckchen und Strichen (No. 5). No. 5 ist aus der Sammlung des Herrn Robert Eder in Neustadtl bei Friedland in Böhmen, welcher die Güte hatte, mir dieses Exemplar zukommen zu lassen, leider zu spät, um es noch mit abbilden zu können, denn es wäre abbildenswerth wegen der fast vollständigen Entwicklung des Hahnenstosses und wegen des zum Theil braunen, zum Theil dunklen Federkleides, in welch' letzterer Beziehung es ziemlich die Mitte hält zwischen hahnenfedrigen Hennen im braunen und im dunklen Kleide.

Dunkle Kleider (Tafel VII).

6. (Tafel VII, links, circa $^2/_3$ natürlicher Grösse, No. 9 der Maasstabelle, in ganz ähnlichem Stadium No. 6, 7 und 8 der Maasstabelle.) Das Braun mehr zurücktretend, Oberseite grauer, Unterseite durchweg schwärzer werdend, Schaftstriche vorhanden, die blauen Federränder breiter, so dass sie mehr decken und dem Halse ein blaueres Ansehen geben; weisser Kehlfleck, Bartfedern weiss, schwarz gebändert. Unterstoss weiss bei No. 8 und 9, mit einigen schwarzen Flecken bei No. 7, einzelne Federn mit Schwarz gefleckt und gestreift bei No. 6, Stossfedern stark entwickelt, mehr oder weniger schwarz, an der Basis etwas weiss (bei No. 7 und 9); Färbung und

Zeichnung auf Schulterfedern, Flügeldecken und oberen Schwanzdecken an ausgefiederte Birkhähne im ersten Kleide erinnernd. No. 8 hatte Herr Oscar Wolschke in Annaberg (Sachsen) die Güte, mir aus seiner Sammlung zukommen zu lassen.

7. (Tafel VII, rechts, in circa ⅔ natürlicher Grösse, No. 10 der Maasstabelle, und Tafel VII, hinten rechts, in circa ⅛ natürlicher Grösse, No. 11 der Maasstabelle.) Schwarz vorherrschend, graue Zeichnung sehr spärlich, dagegen vereinzelte grosse gelbbraune Querbinden; stahlblauer Metallglanz entwickelt; Schaftstriche sehr schmal, weisser Kehlfleck mehr oder weniger verdeckt; Unterstoss weiss. Im Stoss fast keine Zeichnung mehr, Form desselben mehr oder weniger entwickelt, an der Basis etwas Weiss bei No. 11, Unterstoss weiss bei No. 10, schwärzlich gesprenkelt und einzelne Längsstreifen an der Basis bei No. 11.

8. (No. 12 der Maasstabelle.) Weisser Kehlfleck sehr reducirt, keine weissen Schaftstriche mehr; Kopf und Hals fast einfarbig stahlblau, Stoss fast einfarbig, stark entwickelt, Unterstoss weiss, einige Federn schwarz gefleckt, Flügeldecken theilweise schwarz, ganze Ober- und Unterseite aber noch mit auffallenden braunen Querbinden. Das Exemplar gleicht am meisten der Abbildung Tafel 47 bei Jardine und Selby, ist jedoch bezüglich seiner Kopffärbung und Stossform vorgeschrittener; Sundevall's Abbildung scheint auch einem ähnlichen Kleide zu entsprechen, ist aber zu ungenügend, um sie zum Vergleiche benutzen zu können. Herr Collett hatte die Güte, mir dieses Exemplar aus dem Museum in Christiania zukommen zu lassen, leider zu spät, um es noch, wie es wegen des vorgeschrittenen Hahnenkleides verdiente, abbilden zu können.

9. Diese Stufe, welche mir fehlt, dürfte das Birkhahnkleid fast oder ganz erreichen, und es wäre wohl möglich, dass ein solches für einen kleinen Birkhahn imponiren könnte.

Uebergang vom Hennen- ins Hahnenkleid.

Ob die Veränderungen vom Hennenkleide zum hahnenfedrigen durch Verfärbung oder durch Mauser vor sich gehe, oder durch Beides, kann ich nicht mit Sicherheit aussagen. Ich glaube das letztere. Dass Verfärbung stattfindet, kann ich bestimmt behaupten, da einige Federn dieses beweisen. Henke (Jagd-Zeitung 1884 Seite 409) bringt hierüber und über die Umwandlung des Gefieders vom Hennen- ins Hahnenkleid beim Birkwild das Folgende vor: „Ein gleichmässiges Fortschreiten der allmähligen Umwandlung habe ich übrigens nur bei Auerhennen wahrgenommen. Ganz anders bei Birkhennen und Fasanen, wo die Veränderung der Färbung, sowie die äusserliche Formenbildung nicht immer gleichmässigen Schritt halten. Es ist dies eine auffallende Erscheinung, dass hier bald die Hahnfärbung, bald die Hahnform vorherrschend erscheint, und nicht beide, nämlich Form und Färbung, gleichmässig mit einander fortschreiten. Ja, es divergiren sogar beide für sich allein, am meisten aber die Verfärbung, so dass an manchen Theilen die Hahnfarbe massig zum Vorschein kommt, während sie an anderen nur spärlich auftritt und länger zurückbleibt, wodurch mitunter ein recht buntes Kleid entsteht. Allein dies sind scheinbar nur Ausnahmsfälle, in der Regel sind sie einander sehr ähnlich. Die Ausnahmsfälle mögen diejenigen sein, wo die Umfärbung durch die Mauser schneller von Statten ging; denn es kommt ja öfters vor, dass der Federwechsel nicht gleichmässig vor sich geht. Andererseits kann wohl auch eine zu starke Verfärbung die Ursache sein, so dass z. B. der Steiss einer Birkhenne die Hahnfarbe erhält, bevor er die Hahnsteissform erlangt hat."

Derselbe Autor war es auch, welcher zuerst mit Nachdruck gewisse Charaktere hervorhob, an denen man hahnenfedrige Birkhennen stets erkennen könne, und welcher diese Charaktere zu deuten versuchte. Er sagt: „Alle von mir beobachteten hahnenfedrigen Birkhennen sowie auch diejenigen deren ausfürliche Beschreibung mir bekannt ist, sind mit einem grossen weissgrundigen Kehlfleck versehen, welcher mitunter in der Mitte zur grösseren Hälfte reinweiss erscheint. Alle zeigen auf der Unterseite scharfe weisse Schaftstriche; ferner zeigt der grösste Theil an den Enden der Steissfedern lebhafte weisse Ränder, oder vielmehr ziemlich auffällige weisse breite Randbinden.

„Nur bei einigen, deren Steissfedern am wenigsten ausgebildet sind, fehlt die Berandung. Mitunter gewahrt man auch bei Birkhähnen einige weisse Federn an der Kehle, oder wenigstens einige weisse Fleckchen an der Basis dieser Federn. Auch die weissen Schaftstriche sind zuweilen in sehr geringem Grade angedeutet.

„Woher kommt aber nun dieser constant wiederkehrende weisse Kehlfleck bei den hahnenfedrigen Hennen? Warum haben die Federn der Unterseite den lebhaften weissen Längsstrich? Weshalb nur manche und nicht alle den weissen Rand an den Steissfedern, der sich übrigens auch bei solchen Auerhennen recht bemerklich macht? Das sind alles Fragen, auf welche wir nur dann eine Antwort finden, wenn wir diese Erscheinungen als Rückfälle betrachten und uns das ursprüngliche Kleid unseres Birkhahnes nicht so schwarz wie jetzt, sondern mit einer grossen weissen Kehlfärbung wie z. B. bei Tetraogallus und anderen Hühnerarten vorstellen und mit weissen Längsstrichen auf der Unterseite denken. Wenn wir ferner annehmen, dass solche Hennen, die ein Hahnenkleid erhalten, immer nur ein ursprüngliches und kein modernes anlegen; dadurch wird wenigstens keine Störung der gleichmässigen Forterbung verursacht, wie das wohl der Fall sein würde, wenn zuweilen fortpflanzungsfähige Hähne in einem abweichend gefärbten Gefieder erschienen. Wollen wir die weissen Endsäume als solche betrachten, die vom normal weiblichen Gefieder zurückgeblieben wären, so sind sie immerhin dafür sehr breit und auffallend. Allein die ersten beiden Differenzen sind nicht auf das Gefieder der Henne zurückzuführen und daher nur um so eigenthümlicher. Eine ursprünglich weisse Kehle und weisse Längsstriche bei unserm Birkhahn, die jetzt in der Regel nicht mehr auftreten, sondern verloschen sind, deuten auf eine Annäherung an andere Hühnerarten hin, welche jetzt noch weisse oder helle Kehlen tragen, wie z. B. die Tetraogallus-Arten.

„Bei vielen Vögeln sind beide Geschlechter ganz gleich gefärbt. Es ist zu vermuthen, dass dies ursprünglich bei dem Birkhuhn sowie Auerhuhn auch der Fall war, vielleicht bei allen Vögeln, dass sich erst später die Farbe den Verhältnissen angepasst hat ... Bestand die ursprüngliche beiderseitige Färbung des Birk- oder Auerhuhnes aus dem Farbengemisch, das die hahnenfedrigen Hennen dieser Arten aufweisen, so bedurfte es nur einer halben Umfärbung nach beiden Seiten hin, entweder zur Hahn- oder Hennenfarbe, wie sie jetzt erscheinen; und diese war gewiss leichter, als eine völlige Umwandlung der Hennen- zur Hahnfärbung, wie dies ja, heutzutage noch geschieht."

Je weiter das Hahnenkleid vorschreitet, desto mehr treten die für das hahnenfedrige Hennenkleid charakteristischen Eigenschaften zurück; so zeigt das Exemplar No. 12 an der Kehle nur mehr wenig Weiss und gar keine weissen Schaftstriche am Gefieder.

Allgemeineres über Hahnenfedrigkeit.

Mit der Henke'schen Erklärung, welche hier und da missverstanden wurde, in Uebereinstimmung finden sich helle Schaftstriche am Jugendgefieder des Birkwildes (siehe oben Seite 20 und Tafel IV), sie deuten auf ein Vorfahrenkleid, dessen Zutagetreten im Jugendgewande vielfache Parallelen aus dem Thierreiche stützen. Dass die Anomalie, welche Hahnenfedrigkeit verursacht, auch den Anstoss geben könne, um dieses längst abgestreifte Vorfahrengewand oder Theile desselben wieder erscheinen zu lassen, wäre nicht räthselhafter, als überhaupt alle Rückschlagserscheinungen; zu solchen bedarf es eben eines Anstosses. Ob die weissen Federn am Kinn und Halse, welche man vereinzelt bei Birkhähnen jeden Alters antrifft (siehe oben Seite 20), dieselbe Erklärung zulassen, wage ich nicht zu entscheiden, wie ja überhaupt diese Erklärung nur ein Versuch zu sein beansprucht, da der Beweis für die Richtigkeit derselben sich höchstens durch eine grössere Reihe bis jetzt noch fehlender paralleler Erscheinungen führen liesse.

Als Ursache der Hahnenfedrigkeit darf man angeborene Eierstockanomalien, Altersterilität und in Folge von Verletzungen oder pathologischen Processen erworbene Unfruchtbarkeit ansehen. Von einer Reihe von Autoren wird bei dieser Gelegenheit viel von Hermaphroditismus, Uebergängen zum Hermaphroditismus, Zwitterbildung, wahrem Hermaphrodismus u. dergl. m. gesprochen, allein anatomisch ist derartiges bei Vögeln noch niemals nachgewiesen worden, und so lange dieses nicht der Fall ist, haben solche Behauptungen keinerlei Gewicht; sie verwirren auch mehr, als dass sie irgend Etwas zur Erklärung beitragen, und würden daher besser unterdrückt.

Wirkliche Hermaphroditen, das heisst Wesen, welche, mit beiderlei Geschlechtsorganen versehen, sich selbst begatten und dadurch fortpflanzen, kommen bei höheren Thieren überhaupt nicht vor, dagegen wohl, wenn auch sehr selten, sogenannter Hermaphroditismus lateralis (seitlicher Hermaphroditismus), das heisst, dass die Organe der einen Seite männlich, die der anderen weiblich sind. Dieses findet man bei Insecten, besonders bei Schmetterlingen häufiger, und solches ist bis jetzt auch nur von Vögeln behauptet worden. Heide hat im Jahre 1684 (Anatome Mytuli. Subjecta est Centuria obss. Amst. 1684 p. 193. obs. 95) einen, aber nach ihm selbst nur „angeblichen" Fall von Hermaphroditismus beim Haushuhne mit einem Hoden auf der einen, einem Eierstock auf der anderen Seite beobachtet, allein sowohl Js. Geoffroy St. Hilaire (Histoire des anomalies T. II 1836 p. 142), als auch vorher schon Rudolphi (Abh. d. k. Akad. d. Wiss. zu Berlin aus dem Jahre 1825 p. 61 1828) sprachen dieser Beobachtung mit Recht jede Beweiskraft ab, sie ist ganz und gar nicht hinreichend verbürgt und daher ohne alle Bedeutung. Und wenn möglich noch weniger ist dieses der Fall mit Bechstein's (Gemeinnützige Naturgeschichte Deutschlands III p. 1219 1807) „wahrem Zwitter" vom Haushuhn, von welchem Rudolphi sagt: „Ich begreife nicht, wie Bechstein hierin hat einen Zwitter sehen können; es war nichts als ein verkrüppelter Hahn." Weiter aber ist, meines Wissens, bis jetzt kein Fall beschrieben. Mit welchem Rechte also könnte man bei Vögeln wohl von Hermaphroditismus sprechen? Da bei denselben meist nur der linke Eierstock überhaupt zur Ausbildung gelangt, so dürfte man eine Zwitterbildung auch eher bei männlichen Individuen erwarten, als bei weiblichen, und da die sogenannten hahnenfedrigen Hennen zweifellos weiblichen Geschlechtes sind, so kann bei ihnen von Zwitterbildung vorläufig um so weniger die Rede sein. Viel eher lassen die bekannten (s. z. B. Journal für Orn. 1874 p. 344 und 1875 p. 413), aber leider nicht secirten Fälle von halbseitigem männlichen zugleich mit halbseitigem weiblichen Federkleide die Annahme eines Hermaphroditismus lateralis bei Vögeln zu, allein bei der Hahnenfedrigkeit ist eine solche Annahme um so weniger statthaft, als der bei hahnenfedrigen Hennen in vielen Fällen nachgewiesene pathologische Zustand des Eierstockes und die Altersterilität vorläufig vollkommen zur Erklärung ausreichen. Bogdanow soll auch nach Castration junger Hennen Hahnenfedrigkeit erzeugt haben. Dass es angeborene Anomalien der Geschlechtsorgane geben könne, will ich natürlich durchaus nicht bestreiten; v. Tschusi („Der Waidmann" 1876 No. 10) meint, angeborene Hahnenfedrigkeit gehöre zu den grössten Seltenheiten, allein ein solcher Fall ist überhaupt noch nicht sicher constatirt worden, denn was man etwa als solchen deuten könnte, lässt sich auch anders erklären. Die Hahnenfedrigkeit mit Resten des Jugendkleides, welche ich oben als 2. Stufe beschrieben habe, kann auch verursacht sein durch eine während des ersten Lebensjahres acquirirte Eierstockerkrankung oder Verletzung. (Der von R. Meyer im „Zoologischen Garten" 1866 p. 167 mitgetheilte Fall einer von Jugend auf hahnenfedrigen Haushenne, welche später getreten wurde und Eier legte, lässt sich ohne Sectionsbefund und genauere Angaben über den weiteren Lebenslauf des Individuums nicht beurtheilen.) Man vergleiche auch Jäckel: „Beiträge zu der Lehre von der thierischen anomalen Mannweiblichkeit (Gynandro-Morphismus)."

Dass hahnenfedrige Hennen sich vielfach den Männchen zugesellen und sich mehr oder weniger wie diese benehmen, auch ähnliche Balztöne hervorbringen, ist verschiedene Male constatirt worden. So spricht noch Eder (Mitth. Orn. Ver. Wien 1886 p. 275) von dem sonderbaren Balzton der hahnenfedrigen Henne No. 5. Im Deutschen hat man u. a. folgende Sprichwörter: Eine krähende Henne gehört auf keine Tenne; eine Henne, die noch so schlecht kräht, hört sich gern; wenn die Henne kräht, ist sie des Schlachtens werth; wenn die Henne will krähen wie der Hahn, so muss man ihr die Kehle abschneiden. Die Engländer sagen: A whistling woman and a crowing hen are neither good for gods nor men. (Im Deutschen auch: Mädchen, die pfeifen und Hühnern, die krähen, muss man den Hals umdrehen.) Die Franzosen: Poule qui chante, prêtre qui danse, et femme qui parle latin, n'arrivent jamais à belle fin, und bekannt ist, dass Frauen im vorgeschrittenen Alter neben anderen männlichen Charakteren ebenfalls oft Mannstimme annehmen. Es scheint, dass sich Hahnenfedrigkeit auch in Folge von Alter entwickeln kann, ohne schon mit Sterilität verbunden zu sein; dass Hahnenfedrigkeit im hohen Alter stets eintritt, möchte ich bezweifeln, es giebt aber nachgewiesenermaassen auch eine vorübergehende pathologische Sterilität mit vorübergehender Hahnenfedrigkeit und eine wiederkehrende Fruchtbarkeit mit Beibehaltung des Hahnenkleides, abgesehen von der bleibenden Hahnenfedrigkeit bei der durch pathologische Processe am Eierstocke hervorgerufenen bleibenden Sterilität und vielleicht auch abgesehen von einer vorübergehenden Hahnenfedrigkeit ohne Störung der Geschlechtsfunctionen; bei letzterer kämen eventuell noch andere unbekannte Factoren als veranlassende Ursache in Frage, wie auch bei der Altershahnenfedrigkeit vor dem Eintritt der Sterilität. Diese Bemerkungen beziehen sich auf hahnenfedrige Hennen im Allgemeinen, nicht nur auf hahnenfedrige Birkhennen, und für jeden der stipulirten Fälle ist mir mindestens ein Beispiel in der Literatur bekannt, was aber in extenso hier zu behandeln zu weit führen würde. Allerdings muss man dabei im Auge behalten, dass die in der Literatur verzeichneten Fälle nicht immer auf scharfen und vor der Kritik bestehenden und daher beweiskräftigen Beobachtungen beruhen, da richtig zu beobachten nicht Sache eines Jeden ist, welcher sich berechtigt fühlt, einen ausergewöhnlichen Fall mitzutheilen.

Hennenfedrige Birkhähne.

Ueber diese hat meines Wissens zuerst Kronprinz Rudolf in den Mittheilungen des Ornithologischen Vereins zu Wien 1882 p. 41 geschrieben: „Auch heuer hatte ich wieder, wie schon früher mehrmals Gelegenheit, in der nächsten Umgebung Prag's, wo es ganz aussergewöhnlich viel Birkwild gibt, einige alte Hähne zu erlegen, die hauptsächlich am Rücken, doch selbst auf der Brust mehrere braune Hennenfedern trugen. Wohl zu bemerken ist der Umstand, dass es nicht die graubraunen Federn waren, die man bei einjährigen Hähnen findet, sondern hell braungelbe, eben gleich jenen der Hennen; und es waren alte Hähne mit stark gekrümmten Stossfedern, die inmitten ihrer Weibchen balzten. Fast jeder dieser abnormen Hähne hatte an der Kehle einige weisse Federn. Bis jetzt gelang es mir diese Beobachtung nur in der westlichen Umgebung Prag's in Wäldern, wo der Reichthum an Birkwild ein bemerkenswerth grosser ist, anzustellen; vielleicht kann eine aus Uebervölkerung stammende Degeneration als Grund angenommen werden."

Leider konnten diese eventuell merkwürdigen Exemplare nicht aufbewahrt werden, es wäre sonst wichtig, sie genau mit hahnenfedrigen Hennen zu vergleichen, deren vorgeschrittenen Stufen sie sehr ähnlich sind, wie Kronprinz Rudolf mir s. Z. (1882) mitzutheilen die Gewogenheit hatte. Einen jener hennenfedrigen Hähne hörte der Kronprinz die Balzlaute des Hahnes rufen, da dieses aber auch hahnenfedrige Hennen thun (s. oben), so ist es allein nicht beweisend. Allerdings möchte ich vermuthen, dass letztere sich immerhin in ihrem Rufe von demjenigen normaler und hennenfedriger Hähne unterscheiden werden.

Auch Bogdanow (Consp. av. imp. ross. 1884 p. 29) spricht unter der Rubrik „Mares gynandres" von hennenfedrigen Hähnen, anscheinend ohne des Kronprinzen Rudolf Beobachtungen zu kennen. Er sagt: „Mâles au plumage des femelles. Dans nos collections il y a un individu, sans doute un mâle, qui ressemble aussi à un mâle normal en livrée transitoire, mais avec les plumes de femelles — rousses bandelées de noir. Un autre individu, dont le sexe n'est pas déterminé, a la livrée complète d'une femelle, mais la queue fourchue du mâle normal." Vorher (p. 28) hatte derselbe Autor schon bei der Beschreibung einer männlichen Varietät („brun pâle, les plumes avec des bandelettes et des zigzags noirs") gesagt: „Peut-être c'est le commencement de gynandrie."

Dass hennenfedrige Hähne vorkommen können, ist a priori gewiss nicht zu bezweifeln, es ist sogar wahrscheinlich, denn Verletzungen der männlichen Geschlechtsorgane können Hennenfedrigkeit zur Folge haben, so gut wie Verletzungen der weiblichen Hahnenfedrigkeit. Zum sicheren Beweise wäre die Section von Nöthen, wie sie denselben bei der Hahnenfedrigkeit der Hennen geliefert hat. Abgesehen von dieser dürften auch die Maasse entscheidend sein, da, wie wir oben gefunden haben, hahnenfedrige Hennen die Grösse des Hahnes nicht zu erreichen scheinen, während hennenfedrige Hähne diese aufweisen müssten.

Was mir bis jetzt mit der Bezeichnung „hennenfedriger Hähne" zu Gesicht gekommen ist, konnte ich nur für hahnenfedrige Hennen ansehen; diese Frage verdient jedoch weitere und tiefer dringende Untersuchungen.

Rackelwild.

TAFEL VIII BIS XIII.

Auf den 6 Tafeln VIII—XIII ist verschiedenartiges Rackelwild dargestellt. Da ich keine Monographie des Rackelwildes, welche auch den Rahmen dieses Werkes weit überschreiten würde, zu verfassen beabsichtige, so werde ich mich darauf beschränken, erst alle mir bekannt gewordenen Exemplare mehr oder weniger ausführlich zu beschreiben, und dann im Allgemeinen über dieselben zu handeln und ihre Bedeutung zu eruiren suchen. Bis auf die gewöhnlichen Rackelhähne (Tetrao medius auct.), welche hinlänglich behandelt sind, werden fast alle anderen mir bis jetzt bekannt gewordenen Formen von Rackelhähnen hier zum ersten Male, so viel ich weiss, ausführlich beschrieben und abgebildet, ich bin aber überzeugt, dass es noch mancherlei andere dieser Bastarde giebt, deren Entdeckung der Zukunft vorbehalten bleibt.

TAFEL VIII UND IX.
Rackelhähne mit Birkhahntypus.
Tetrao tetrix urogallus M.

Vater: Birkhahn,
Mutter: Auerhenne.

Allgemeine Charakteristik: Scheitel, Wangen, Kehle und Vorderhals schwarzbraun mit violettem Metallschimmer. Hinterhals schwärzlich braun, fein grau bestäubt. Ohrdecken und Halsseiten in gewissem Lichte mehr oder weniger mit einem schwach grünlichen Anfluge. Wangenfedern meist mehr oder weniger mit weissen Spitzen. Rose entwickelt. Bartfedern zuweilen mit Weiss an der Basis. Brust und Vorderhals violett mit Metallglanz, die metallisch glänzende Fläche mehr oder weniger ausgedehnt, nicht abgegrenzt wie beim Auerhahne, sondern verlaufend wie beim Birkhahne. Oberseite schwarzbraun mit hellbrauner und grauer Punktirung, manchmal dunkler, schwarzbraun bis schwarz und mit breiten violetten Federrändern. Schulterdecken, kleine und grosse Flügeldecken, Secundär- und Tertiärschwingen schwarzbraun mit kastanienbrauner Sprenkelung, manchmal im Ganzen dunkler, die mittleren Flügeldecken mehr schwärzlich mit feiner grauer Bestäubung. Primärschwingen fahler braun, auf der Aussenfahne bis zu Weiss. Secundärschwingen weiss gesäumt, Tertiärschwingen an den Spitzen meist weiss gesprenkelt. Achselfleck weiss. Breiter weisser Flügelspiegel, bei geschlossenem Flügel manchmal ganz verdeckt. Unterflügeldecken weiss und grau, theilweise mit schwarzer Zeichnung. Unterseite der Flügel silbergrau mit gelblichem Anfluge. Bauch schwarzbraun mehr oder weniger mit violettem Schimmer; Bauchmitte manchmal weiss gezeichnet. Hosen und After mit Weiss. Weichenfedern sehr fein grau bestäubt, manchmal mit weissen Endflecken. Schwanz, mit 18—20 Federn, braunschwarz bis stahlschwarz, zum Theil schwach braun punktirt, an der Basis mehr oder weniger weiss gefleckt (dass das Weiss gänzlich fehlt, dürfte die Ausnahme sein), die äusseren Federn bis zu 6 cm länger und mehr oder weniger schwach seitlich nach auswärts gekrümmt. Säume der mittleren schmal weiss. Unterstossfedern mit schwarzer Basis und mehr oder weniger ausgedehnten weissen Enden, welche, übereinandergelegt, das Schwarz mehr oder minder decken. Grosse Federn des Oberstosses mehr braun mit gröberer Zeichnung, manchmal weiss berandet. Tarsen fahlbraun mit schmutzig Weiss gefleckt und gesprenkelt, die Befiederung verschieden entwickelt, manchmal sehr spärlich, manchmal das 2. Glied der mittleren Zehe fast bedeckend. Zehen gefranst. Schnabel grauschwarz mit hellerer Schneide am Ober- und hellerer Basis am Unterschnabel, die hellere Färbung ist mehr oder weniger ausgedehnt.

Einen wichtigen Charakter dieses gewöhnlichen Rackelhahns bietet das Verhalten der Flügeldeckfedern, worauf mich Herr Henke zuerst aufmerksam gemacht hat: Beim Auerhahn findet man, besonders bei ausgebreitetem Flügel ersichtlich, die äusserste Schicht der grossen Flügeldeckfedern circa 2 cm. freiliegend, d. h. die vorletzte Schicht bedeckt die äusserste nicht ganz. Beim Birkhahn ist es ebenso, nur mit dem Unterschiede, dass der freiliegende Theil der äussersten Schicht nur circa 0.5 cm beträgt. Beim gewöhnlichen Rackelhahn dagegen überdeckt die 2. Schicht die 1. oder äusserste, wenn beide gleich gerichtet liegen, meist vollständig, oder bedeckt sie wenigstens ganz resp. bis auf einen schmalen Streifen, nur die innersten letzten Federn bleiben frei; ausserdem ist die Farbe der deckenden Federn dunkler und grau, statt braun gesprenkelt. Der gewöhnliche Rackelhahn bildet daher in dieser Beziehung nicht eine Mittelstufe zwischen Auer- und Birkhahn, sondern er nähert sich letzterem mehr und geht noch über ihn hinaus. Dieses (mehr oder weniger) Verborgensein der äussersten Flügeldecken ist als ein dem Rackelhahne eigenthümlicher Charakter anzusehen. Dasselbe Verhalten zu einander zeigen auch die Auer-, Birk- und Rackelhennen.

Mir lagen 13 Exemplare solcher Rackelhähne (Tetrao medius auct.) vor, von denen die obige Charakteristik abstrahirt ist. Beschreibungen und Abbildungen findet man u. a. bei Naumann (Vögel Deutschlands VI, 304 Taf. 156 1833), Nilsson (Skand. Fauna II, 73 1858 Illum. Fig. I Pl. 4) und bei Dresser (Birds of Europe VII pl. 489 1873, die beste Abbildung). v. Krüdener („Jagd-Zeitung" 1885 p. 407) machte auf ein 100 Jahre altes Oelgemälde eines Rackelhahnes im Schlosse Ambras bei Innsbruck aufmerksam.

Folgendes sind die Maasse obiger 13 Exemplare:

Laufende Nummer . . .	1	2	3	4	5	6	7	8	9	10	11	12	13
No. des Dr. Mus. od. Eigenth.	Krpr.Rudolf	8147	6381	6382	7972	6445	7971	Henke	8433	2949	9165	Gr.Wldst.	5164
Herkunft . . .	Böhmen	Norwegn.	Norwegn.	Norwegen	Norwegen	Archang.	Archangel	Archang.	Livland	Oberlaus.	Böhmen	Böhmen	Archangel
Abbildung etc.	Taf.VIII,⁹⁄₂	Taf.IX,⁴⁄₂	—	—	—	—	—	—	—	—	—	—	jung
Schnabel v. culmen zur Spitze	c. 4	4.15	4.1	4.4	4.1	4.3	4	4.2	4	—	4.4	—	3.8
Unbefiederter Oberschnabel .	c. 2.2	1.85	2.15	2.15	1.95	2	1.8	2.05	1.9	1.9	2.1	2.45	1.9
Oberschnabelbr. v. d. Nasenloch	1.6	1.45	1.5	1.65	1.5	1.4	1.4	1.5	1.45	—	1.5	1.75	1.35
Oberschnabelhöhe v.d.Nasenlch.	1.1	1	1.2	1.25	1	1.1	1	1.1	1.1	—	1.1	—	9.5
Unterschnabelhöhe v. d. Nasenl.	0.7	0.8	0.6	0.6	0.65	0.6	0.65	0.56	0.65	—	0.6	—	5.5
Flügel . . .	c. 34	33	32.4	34	32	33	32.8	33.5	32.5	31.2	34.8	c. 34	31.8
Aeusserste Stossfedern , .	23	21.5	20.5	24.5	21	21.5	21.3	22.5	—	20.5	22.5	26.4	21.5
Mittlere Stossfedern	19	17.5	17.2	18.5	17	18	17.4	18	—	17.5	18.5	21	17.5
Breite der Stossfedern. .	—	3.2—5	3.4—5	4.5—6.2	3.3—4.6	3—4.5	3.3—5.2	3.5—5	—	3.4—5	3.5—5	—	3.5—4.5
Zahl der Stossfedern .	18	18	18	20	18	18	18	18	—	18	18	18	—
Stoss vom Oberstoss unbedeckt	—	3.8	4	4.8	3.5	4.3	3.6	5.1	—	4.2	3.5	—	2.6
Tarsen	6.5	6.6	6.6	6.6	6.4	6	6.6	6.7	6.5	—	6.7	c. 6.2	6.6
Mittelzehe, ohne Nagel	6.4	5.6	5.7	5.65	5.7	5.3	6	5.6	5.9	—	5.7	5	5.7
Nagel	1.6	2	1.9	2	1.95	1.8	1.65	2	1.6	—	1.8	1.5	1.7

Zusammenstellung der Maasse von Auerhähnen, Rackelhähnen (Tetrao medius auct.) und Birkhähnen.

Bezeichnung der Hähne	Birkhähne	Rackelhähne	Auerhähne
Schnabel vom culmen in gerader Richtung	2.94—3.4	4—4.4	6—6.7
Länge des unbefiederten Schnabels .	1.5—1.6	1.8—2.45	3.2—3.5
Oberschnabelbreite vor dem Nasenloch .	1—1.15	1.4—1.75	2.1—2.4
Oberschnabelhöhe vor dem Nasenloch .	1.25—1.3	1—1.25	1.6—1.8
Unterschnabelhöhe vor dem Nasenloch .		0.6—0.8	1.2—1.3
Flügel	26—27	31.2—34.8	40—42.5
Länge der äussersten Stossfedern	22	20.5—26.4	26.5—30.5
Länge der mittleren Stossfedern	11	17—21	31.5—36.5
Breite der Stossfedern	—	3—6.2	6—9
Zahl der Stossfedern .	18	18 und 20	18—20
Stoss vom Oberstoss unbedeckt .	—	3.5—5.1	9—10
Tarsen . .	5.5—5.6	6—6.7	8.5—9
Mittelzehe ohne Nagel	4.2—4.65	5—6.4	6.5—7.3
Nagel	1.1—1.5	1.5—2	1.5—2.4

Diese Zahlen ergeben evident die Mittelstellung des gewöhnlichen Rackelhahnes zwischen Birkhahn und Auerhahn. Dasselbe ergeben die Skelettmaasse, wie ich bereits im Jahre 1883 in meinem Werke: „Abbildungen von Vogelskeletten" p. 37 fg. dargethan habe, worauf hier näher einzugehen zu weit führen würde.

Im Einzelnen bemerke ich über die Exemplare Folgendes:

No. 1. Tafel VIII, circa ²/₈ natürlicher Grösse. Dieser Hahn wurde von Kronprinz Rudolf im April 1877 auf fürstlich Schwarzenbergischem Revier im südlichen Böhmen erlegt. Kopf und Hals unten mit lebhaft violettem ins Röthliche ziehenden Schimmer, Oberseite dunkel mit sehr wenig Grau. Wangen ungefleckt, nur an einigen Federn die schmalen grauen Spitzenränder, wie am ganzen Hals. Rücken und Bürzel matt braun mit heller Berieselung und theilweise schwach rothviolettem Reflex; in gewissem Lichte zeigt der ganze Rücken einen grauen Schein; lange Stoss-decken ein wenig dunkler braun, zum Theil mit rothbrauner Berieselung. Flügel matt braun, Tertiärschwingen lebhafter braun gesprenkelt, Secundärschwingen auf den Aussenfahnen mit schmaler mehr grauer Berieselung, Primärschwingen zum Theil (fünf, von der 2. an) mit weiss gesprenkelter Aussenfahne, Kiele der Primärschwingen fahlbräunlich. Die Spitzen der Tertiär- und besonders der Secundärschwingen auffallend weiss berandet. Der Flügelspiegel auf den Secundär- und Tertiärschwingen sehr deutlich gezeichnet, 3—5 cm bei ausgebreitetem Flügel freiliegend. Die grossen Flügeldecken gefärbt und gezeichnet wie die Secundär- und Tertiärschwingen, die äusserste Schicht derselben an den Seiten bis zu 2 cm freiliegend, in der Mitte fast, bis auf 2 mm, von der zweiten bedeckt. Die mittleren Flügeldeckfedern weniger braun mit grauer Berieselung, die kleinen ebenso gefärbt, aber dichter berieselt. Schulterdecken wie die Tertiärschwingen, die grossen an den Spitzen mit mehr Grau versehen. Unterseite der Schwingen mattgrau. Unter-flügeldecken und Axillaren weiss. Körperunterseite schwärzlich mit schwacher grauer Sprenkelung, nach der Mitte mit etwas Metallreflex, der Bauch mit weisser Zeichnung. Hosen innen weiss, aussen mit Schwarz untermischt. Tarsen bräunlichgrau mit Weiss untermischt. Stoss schwarz mit wenig bräunlicher Nüance, die Aussenfahnen der 10 mittleren Federn auf der Basis-hälfte mit weissen Flecken, bei einer nach der Spitze zu in Fahlbräunlich übergehend. Die grossen unteren Stossdecken schwarz mit weissen, 2 cm langen Spitzenflecken, welche sich dem Feder-schaft und den Aussenrändern entlang ausdehnen; die kleinen seitlichen unteren Stossdecken auch mit weisser Aussenfahne, die kleinen mittleren fast ganz weiss. Schnabel schwarz.

No. 2 (No. 8147 des Dresdner Museums). Tafel IX, circa ⁴/₈ natürlicher Grösse, das Haupt-bild und 2 stark verkleinerte Figuren im Hintergrunde oben und rechts unten, um an der Hauptfigur nicht sichtbare Parthien zu zeigen. Gudbrandsdalen in Süd Norwegen, im Januar erlegt. Grundfarbe sehr dunkel, fast schwarz, fein grau bestäubt, auf Mantel und Oberstoss etwas bräunlich; ganzer Kopf, Hals und Oberseite mit schwach violettem Anfluge, weisse Wangenfleckchen deutlich. Brust lebhaft violett, Bauch schwarz mit schwach violettem Anflug. Weichenfedern und Bauchmitte mit Weiss. Flügel dunkel graubraun, Aussenfahnen der Primärschwingen mit Weisslich und Bräunlich gezeichnet, Schäfte der grossen schmutzig hellbraun, die kleinen Primärschwingen hellbräunlich gesäumt. Die Secundärschwingen etwas dunkler als die Primärschwingen, die grössere Basishälfte weiss, einen grossen, aber unregelmässig gerandeten Flügelspiegel bildend, die Kiele tief braunschwarz, die Ränder mit Weiss gesäumt, diejenigen der Aussenfahnen mit Braun, Tertiärschwingen viel mit Braun und an den Spitzen mit Grauweiss gezeichnet. Weisser Achselfleck gross. Schulterdecken grau mit Braun, manche dunkler mit Gelbgrau fein gezeichnet, ebenso die kleinen Flügeldecken; viele Federn deutlich quergebändert. Die mittlere und die oberste Schicht der grossen Flügeldecken dunkler mit fein punktirten grauweissen zarten Wellenlinien. Die überdeckte Reihe der grossen Flügeldecken, welche nur nach innen zu frei liegt, ist bräunlicher gezeichnet. Unterseite der Flügel bräunlich silbergrau. Unterflügeldecken zum Theil grau, aber grösstentheils weiss, am Flügelrande mit wenig Braun gezeichnet. Stoss schwarz, die mittleren beiden Federn schmal weiss gesäumt, an der Basis mit weissen Flecken. Unterstoss schwarz mit weissen Enden. Um den After schwärzlich mit weissen Spitzen. Tarsen graubräunlich mit Weiss gefleckt. Schnabel dunkel mit hellen Schneiden.

No. 3 (No. 6381 des Dresdner Museums). Röros, Norwegen, im März erlegt. Flügelspiegel bei zusammengelegten Flügeln noch sichtbar. An den Wangen nur einzelne sehr feine weisse Punkte; die helleren Flecken an der Schnabelbasis lebhaft gelb. Weiss an der Stossbasis sehr ausgedehnt.

No. 4 (No. 6382 des Dresdner Museums). Dovre, Norwegen. Flügelspiegel bei zusammengelegten Flügeln nur vorn ein wenig sichtbar. An den Wangen wenige schmale weisse Spitzensäume. Schnabel sehr dunkel. Weiss an der Stossbasis auf Spuren reducirt. 20 Stossfedern. Wurm wies zuerst am Auerhahne nach (s. oben p. 2), dass manchmal 20 statt 18 Stossfedern vorkommen, und der geehrte Forscher hatte die Güte mir kürzlich mitzutheilen, dass unter 109 Auerhähnen des Fürsten von Fürstenberg in Donaueschingen 93 mit 18, 8 mit 19 und 8 mit 20 Stossfedern vorhanden sind; es ist daher nicht uninteressant, die Zahl 20 auch bei dem gewöhnlichen Rackelhahne wiederzufinden.

No. 5 (No. 7972 des Dresdner Museums). Norwegen, im April 1882 erlegt. Flügelspiegel bei zusammengelegten Flügeln fast bedeckt. Kein Weiss am Bauche, weisse Wangenspitzchen kaum bemerkbar. Schnabel dunkel. Sehr wenig Weiss an der Stossbasis.

No. 6 (No. 6445 des Dresdner Museums). Archangel. Im Januar erlegt. Flügelspiegel bei zusammengelegten Flügeln auf den ersten Secundärschwingen sichtbar. Weiss an der Stossbasis ziemlich bemerkbar. Schnabel schwarz mit helleren Schneiden. Weiss an den Wangen kaum bemerkbar.

No. 7 (No. 7971 des Dresdner Museums). Archangel. Im Januar 1881 erlegt. Flügelspiegel bei zusammengelegten Flügeln vorn breit sichtbar. Weiss an den Wangen sehr spärlich. Schnabel schwarz mit helleren Schneiden. Weiss am Stoss sehr spärlich.

No. 8 (Henke'sche Sammlung). Archangel. Ohne Weiss an den Wangen. Flügelspiegel bei zusammengelegten Flügeln nur vorn bemerklich. Weiss am Bauche stark entwickelt. An der Stossbasis nur Spuren von Weiss. Schnabel dunkelbraun.

No. 9 (No. 8433 des Dresdner Museums). Von Baron A. von Krüdener auf Wohlfahrtslinde in Livland dem Dresdner Museum gespendet. Dieser Hahn wurde auf dem Gute Ranzen im Sommer 1884 zufällig von einem Bauer erlegt (siehe „Jagd-Zeitung" 1885 p. 406); Hr. v. Krüdener hatte die Güte, mir noch mitzutheilen, „dass dieser Vogel, jung, in Gesellschaft einer Auerhenne gesehen worden war, und, da es dort keine Auerhähne gäbe, dass ein Birkhahn sein Vater gewesen sein müsse." Die weissen Federspitzen an Wangen und Kehle sind stark ausgeprägt, der Hinterhals schwach und fein mit Braungelb gezeichnet. Viel Weiss an der Stossbasis, die Bauchmitte mit Weiss gezeichnet. Flügelspiegel bei zusammengelegten Flügeln vorn sichtbar. Schnabel heller. Auf diesen Vogel werde ich gelegentlich des kleinen grünbrüstigen Rackelhahns auf Tafel XI, welcher ebendaselbst erlegt worden ist, der weissen Kehlflecke wegen zurückkommen.

No. 10 (No. 2949 des Dresdner Museums). Im November 1881 von Graf Rex in der Oberlausitz erlegt und dem Dresdner Museum gespendet. Weisse Wangenfederspitzen spärlich, einige weisse Flecken im Bart an der Basis der Federn. Spiegel bei zusammengelegten Flügeln etwas sichtbar. Weiss im Stoss ziemlich entwickelt. Bauch fast ohne Weiss.

No. 11 (No. 9165 des Dresdner Museums). Böhmen, aus der bekannten Feldegg'schen Sammlung. Schnabel braun. Federränder der Wangen deutlich entwickelt. Flügelspiegel breit freiliegend. Die 2. grosse Handschwinge mit weissem Längsstreif auf der Aussenfahne. Das Weiss an der Stossbasis stark entwickelt, ebenso am Bauche.

No. 12. Im Besitze des Grafen Waldstein in Hirschberg, Böhmen. Das Exemplar wurde am 18. April 1880 im Revier Dörrholz - Balzschlag auf der Balz vom Kronprinzen Rudolf erlegt und mir zur Untersuchung gütigst anvertraut. Dieser Hahn ist auf seinem Standbrette als „Rackelhahn mit Auerhahntypus" bezeichnet, allein ich kann in demselben nichts Anderes als einen gewöhnlichen Rackelhahn (Tetrao medius auct.) erkennen. Es ist anscheinend ein recht alter Hahn mit viel Weiss an der Stossbasis und ausgedehntem weissen Flügelspiegel. Die Färbung der Oberseite ist dunkler als z. B. bei dem Rackelhahn der Tafel VIII, welchem er sonst gleicht, und der ganze Rücken ist auch violett angeflogen. Schnabel schwarz, sehr gefurcht und Alter dokumentirend, mit einigen hornbraunen Stellen. Es lassen sich exacte Maasse an dem ausgestopften Exemplare nicht nehmen. Der nicht ganz 2 cm längere Stoss, der wenig grössere Schnabel und die übrigen geringen Abweichungen erklären sich, meiner Ansicht nach, hinlänglich aus dem Alter des Vogels, während Rackelhähne mit Auerhahntypus, wie wir sehen werden, ganz andere Charaktere aufweisen. Es ist auch die typische Form des gewöhnlichen Rackelhahnstosses vollkommen ausgeprägt.

No. 13 (No. 5164 des Dresdner Museums). Archangel. Jüngeres Exemplar. Kopf, besonders hinter dem Auge, Kehle und Vorderhals mit bräunlichen und gelbweissen Federn untermischt. Am Vorderhals einzelne hellbräunliche Federn mit dunkelbrauner und weisslicher Zeichnung. Seitlicher Hinterhals mit einigen helleren und gröber gelblichweiss gezeichneten Federn, welche sich von den übrigen absetzen. Einige Schulterdecken und Tertiärschwingen mit hellbrauner Zeichnung und weissgelben Schaftstrichen und Querbinden. Einzelne Weichenfedern mit hellbrauner Zeichnung, andere gelblichweiss gebändert. Im Stoss wenig weiss. Auch weisse Wangenfederspitzen spärlich. Schnabel schwarzbraun mit hellen Schneiden. Naumann (Naturgesch. der Vögel Deutschlands VI p. 308 1833) beschreibt einen jüngeren Vogel, über welchen ich jedoch nicht ganz klar geworden bin. Nilsson (Skand. Fauna II p. 75 1858) macht ein paar Bemerkungen über junge Hähne und über das Sommerkleid. Collett (Forh. Vid. Selsk. Christiania 1872 p. 237) erwähnt kurz ein junges Männchen. Altum (Forstzoologie II 457 1880) beschrieb einen jungen Hahn folgendermaassen: „Ein aus hellrostigen, schwarz gebänderten Jugendfedern und den schon an den Brustseiten zahlreich vorhandenen schwarzen gemischtes Kleid."

Ich werde diese gewöhnlichen Rackelhähne (Tetrao medius auct.) als „Rackelhähne mit Birkhahntypus A" bezeichnen, da neben denselben noch andere seltenere Formen vorkommen.

TAFEL X.
Rackelhähne mit Auerhahntypus.

Hierher gehört jene Form, welche Kronprinz Rudolf in seiner bekannten und für die Rackelwildkenntniss wichtigen Abhandlung: „Neue Notizen über Tetrao medius" aus dem Jahre 1883 (Mitth. Orn. Ver. Wien p. 108) unter B beschrieben hat, und von welcher es dort heisst: „Fast ganz Urogallus" und „Von den bisher von mir untersuchten Mittelhähnen sehr verschieden." Ich kenne bis jetzt nur 2 hierhergehörige Exemplare: das ebengenannte und ein vor Kurzem von Kronprinz Rudolf erlegtes Aehnliches.

Ersteres ist auf Tafel X in circa ²/₃ natürlicher Grösse (im Hintergrunde auch noch mehr verkleinert, um die Hinterseite zu zeigen) abgebildet. Das Exemplar ist im April 1883 bei Svijan-Podol in Nord Böhmen auf dem Revier des Fürsten Camillo Rohan von Prinz Philipp von Coburg, welcher die Gewogenheit hatte mir dasselbe senden zu lassen, erlegt worden, wie Kronprinz Rudolf ausführlich (l. c. p. 105 und Jagd-Zeitung 1883 p. 225) geschildert hat. Letzterer charakterisirt den Hahn folgendermaassen:

„Gelber Auerhahnschnabel. Grauer Auerhahnhals. Grüne Brust. Unterseite lichter, graulich mit vielen lichten Federn. Untere Steissfedern kürzer. Grau wie beim Urogallus. Auf den Flügeln kein weisser Spiegel. Stoss ganz schwarz. Die oberen Deckfedern des Stosses sind kurz und haben graue Schattirungen. Stoss auffallend kurz. Hennenartig, die letzten Federn nicht geschweift. Rücken urogallusartig, braun gefärbt. Augen braun. Rothe Augenränder, nicht sehr stark. Sehr schwach befiederte Füsse. Länge 81 cm, Breite 123, Fittig 37.2, Schnabel 5.5, Stoss 25, Fusswurzel 8, Mittelzehe 6.4 cm. Gewicht 3.230 ko."

Das Folgende möge diese Charakterisirung weiter ausführen:

Gesammteindruck derjenige eines recht kleinen Auerhahnes mit Rackelhahnstoss; bei näherer Vergleichung ergeben sich aber eine Reihe von Differenzen: Die gesprenkelte Zeichnung der Halsfedern ist eine andere, gleichsam gröbere; die graue Farbe auf dem schwarzbraunen Grunde ist so vertheilt, dass die seitlichen und hinteren Federn des mittleren Halses mehr oder weniger deutliche, dunkle, schmale Querbinden aufweisen, was an diesen Federn beim Auerhahn nur vereinzelt oder weniger deutlich vorkommt. Auch Rücken, Bürzel und Schwanzdecken sind in dieser Weise gröber gesprenkelt. Nasen-, Stirn- und Wangenfedern dunkel braunschwarz mit blauschillernden Rändern, Kinnfedern breiter metallisch berandet; diese Ränder sind düster grün, manche mit violettem Lichtreflex. Vorderkopf ziemlich dunkel und fein gesprenkelt, Oberrücken nur wenig ins Bräunliche ziehend. Auch die Schulterfedern zeigen die bindenförmige Sprenkelung gröber als bei Urogallus, die inneren braun, die äusseren mehr nach der Spitze und besonders auf der Aussenfahne grau gezeichnet; letztere ist mit einem auffallenden weissen keilförmigen Spitzenflecke versehen, welcher auf den grössten beiden ungefähr den Raum eines Quadratcentimeters einnimmt und auf den Innenfahnen der Tertiärschwingen grösser wird, so dass sich dadurch eine Fleckenreihe bildet, welche an den Secundärschwingen in 2 bis 3 mm breite Endsäume übergeht. Die grossen Flügeldecken der äusseren Secundärschwingen sind nur auf den Aussenfahnen braun gezeichnet oder gesprenkelt und daselbst mit hellem, bis 1.5 mm breiten weissen Endsaume versehen. Die nächste darüberliegende Schicht braun, nach der Spitze mehr grau, ziemlich grob und bindenförmig gesprenkelt, die Federn wenig, in der Mitte gar nicht zurücktretend. Das Verhalten der grossen Flügeldeckfedern gleicht also demjenigen des gewöhnlichen Rackelhahnes, wie oben beschrieben, während beim Auerhahn der geringste Abstand der beiden Federschichten mindestens 2 cm beträgt, es nähert sich der vorliegende Rackelhahn mit Auerhahntypus daher in dieser Hinsicht viel mehr dem Birkhahn als dem Auerhahn. Die dritte und vierte Federschicht der Flügeldecken ist in der Mitte ziemlich grau gesprenkelt, während die vorderen und hinteren Federn wenig graue Zeichnung haben. Die kleinen Flügeldeckfedern sind grob gesprenkelt und zeigen sehr wenig Grau. Handschwingen einfarbig. Primär- und Secundärschwingen ganz wie bei Urogallus, auf der ersten Secundärschwinge näher der Basis in der Mitte beider Fahnen je ein bis 5 cm langer weisser dunkel gezeichneter Längsfleck, welcher auf der zweiten viel schwächer ausgeprägt ist. Stoss abgerundet, sonst sehr demjenigen des gewöhnlichen Rackelhahnes ähnlich, der trübweisse Endsaum an den mittleren Federn 2—3 mm breit; die mittleren 9 der 18 Federn in der Mitte mit weissen verschwommenen Fleckchen, welche von den grossen Stossdecken mit weissen Endsäumen in ruhiger Stellung bedeckt werden. Die mittelsten beiden Stossfedern zeigen noch braun und grau gesprenkelte Zeichnung, welche die Spitzen der Federn nicht ganz erreicht. Unterseite der Flügel und Unterflügeldecken wie bei Urogallus, Tetrix und gewöhnlichem Rackelhahn. Färbung der Unterseite von derjenigen des Urogallus nicht wesentlich verschieden. Die blaugrüne Halbmondbinde erscheint nicht sehr breit, der in gewissem Lichte violette Reflex an der Brust und den Seiten etwas lebhafter als bei Urogallus, aber im Ganzen schwach entwickelt. Die hinteren Halsfedern sind mehr abgerundet und nicht auffällig zugespitzt wie bei Urogallus. Schnabel gelb mit schwarzer Firste.

Maasse:

Schnabel v. culmen in gerader Richtung	4.8 cm	Aeusserste Stossfedern .	. 21	cm
Unbefiederter Oberschnabel	2.7 „	Mittelste Stossfedern	. 23	„
Breite des Oberschnabels vor der Befied.	1.8 „	Breite der Stossfedern .	4—4.5	„
Höhe des Oberschnabels vor der Befied.	1.4 „	Tarsen	6.6	„
Flügellänge.	. 36 „	Mittelzehe mit Nagel	7.6	„

Die hauptsächlichsten Abweichungen von Urogallus bestehen in Folgendem: Kleinheit. Rackelform des Stosses. Nicht braune Färbung des Oberrückens. Rackelhahnartiges Verhalten der grossen Flügeldecken. Weisse Flecken auf den Schulterfedern und Secundärschwingen. Stärker braun und grau gesprenkelte Zeichnung. Das von Kronprinz Rudolf (l. c. p. 106) ausführlich geschilderte Rackellied.

Einen ähnlichen Rackelhahn mit Auerhahntypus erlegte Kronprinz Rudolf am 5. Mai d. J. im Oeberl (Hofjagdbezirk Neuberg) in Steiermark und hatte die Gewogenheit, mir denselben im Fleische zur näheren Untersuchung, als „Rackelhahn" bezeichnet, senden zu lassen, zugleich mit folgenden näheren und wichtigen, die Jagd betreffenden Notizen: „Vor 2 Jahren bereits wurde in derselben Gegend ein Rackelhahn gemeldet, welcher aber plötzlich verschwand. Als Seine Kaiserliche Hoheit heute aufstieg, erzählte der Führer, ein Bauer, dass heuer sehr wenig gebalzt werde, nur ein Hahn melde, aber ganz anders wie sonst Auerhähne, und andere Hähne strichen stets ab, wenn dieser erschiene. Am ersten Stand angekommen, hörte Kronprinz Rudolf sofort den Ihm aus Böhmen her bekannten Rackelton. Er sprang desshalb zwei näher balzende Hähne nicht an, sondern versuchte an den Baum zu gelangen, von welchem der Rackelton kam, und erblickte dort ganz oben auf der äussersten Spitze des Baumes — es war halb 4 Uhr Morgens — einen Hahn, welcher rackelte. Ein wohlgezielter Schuss streckte ihn zur Erde."

Der Hahn macht auf den ersten Blick den Eindruck eines Auerhahnes mit kleinerem Schnabel und verkümmertem Stoss, ein näheres Studium desselben ergiebt aber, dass es ein Rackelhahn mit Auerhahntypus ist.

Stirn, Wangen und Bart schwarz mit schwach ausgesprochenen, düster grünlichen, metallischen Federrändern. Hals bläulich grau, schwarz gesprenkelt, vielfach regelmässige, zum Theil wellenförmige Querbinden bildend, dem Rücken zu, wo die Federn ins Bräunliche übergehen, weniger deutlich ausgesprochen. (Die Federn sind eigentlich schwarz mit grauer Zeichnung darauf.) Brustschild metallisch auerhahngrün, nicht sehr breit (kaum 10 cm), Brustseiten schwarz, bräunlich, nach den Weichenfedern zu mehr grau gesprenkelt. Letztere schwarz, grau gesprenkelt, mit grossen weissen Spitzen, hier und da ein weisser Schaftstrich. Bauch schwarz, mit Weiss gezeichnet. Mantel und Schulterdecken schwarz, mit Rothbraun mehr oder weniger regelmässig gebändert. Rücken, Bürzel und kleine Oberstossdecken schwarz mit einem Stich ins Bräunliche, mit Grau gesprenkelt. Primärschwingen glänzend graubraun, die längsten 4 an der Aussenfahne mit Weiss. Mitte der Kiele grauweiss, an den Seiten schwarzbraun. Secundärschwingen dunkel graubraun, auf der Aussenfahne braun gesprenkelt, nach den Tertiärschwingen zu mehr rothbraun, Spitzen weiss gesäumt. Weisser Spiegelfleck auf der ersten Secundärschwinge angedeutet. Diese dichter rothbraun, an den Spitzen theilweise grau gesprenkelt. Handschwingen einfarbig wie die Primärschwingen, nur ein wenig dunkler und mit schwarzbraunen Kielen, ebenso wie die Secundärschwingen. Weisser Achselfleck deutlich ausgeprägt. Flügeldeckfedern mattschwarz mit reichlicher brauner Zeichnung, meist regelmässig gebändert, die mittleren und die vorletzte Schicht der grossen ein wenig dunkler. (Charakter des gewöhnlichen Rackelhahns.) Die genannte vorletzte Schicht überdeckt die letzte fast vollständig (ebenfalls Charakter des gewöhnlichen Rackelhahns), nur hinten und vorn bleibt sie mehr frei; von Farbe ist diese verdeckte Schicht ein wenig heller bräunlich. Unterseite der Primärschwingen bräunlich grau, die Secundär- und Tertiärschwingen silbergrau. Grosse Unterflügeldecken grau mit weissen Spitzen, die kleinen rein weiss, ebenso die langen Axillaren. Am Handgelenk sind die Federn schwärzlich braun mit hellerer Zeichnung und Fleckung. Stoss (defect, nur 13 Federn vorhanden) schwarz mit spärlicher weisser Fleckung in der äusseren Hälfte, grosse Stossdecken (stark defect) schwarz, in der

Mitte mit etwas bräunlichem Schein, mit weissen Endsäumen und vor diesen mehr oder weniger bräunlich grau gesprenkelt. Untere Stossdecken schwarz mit kleinen, bis 1 cm langen, weissen, theilweise schwarz gesprenkelten Spitzen. After schwarzgrau mit weissen Enden. Hosen schwärzlich grau mit weissen Enden. Tarsen bräunlich schiefergrau, fast einfarbig. Schnabel in noch frischem Zustande hell knochengelblich, nur an der Basis etwas dunkler; später dunkelte der Oberschnabel stark nach (ein so starkes Nachdunkeln scheint beim Auerhahnschnabel nicht statt zu finden); Form nicht so hakenförmig wie beim Auerhahn. Füsse graubräunlich, Nägel schwarz. Gewicht, unaufgebrochen, 3.375 ko.

Maasse:

In frischem Zustande ausgestreckt .	85	cm	Flügel . .	37.5 cm
Flügelspannung .	. 115	„	Aeusserste Stossfedern	21.5 „
Schnabel vom culmen . .	5.8	„	8. Stossfeder r. (mittelste fehlen) .	25 „
Oberschnabel vor der Befiederung .	2.9	„	Breite der Stossfedern (1. und 6.)	3.6–5.4 „
Schnabelbreite vor der Befiederung .	2	„	Tarsen . . .	8 „
Oberschnabelhöhe vor der Befiederg.	1.5	„	Mittelzehe ohne Nagel .	6.8 „
Unterschnabelhöhe vor der Befiederg.	1.1	„	Nagel	2.1 „

An den Skelettresten nahm ich folgende Maasse:

Länge des Brustbeins . .	. 18	cm	Länge der Halswirbelsäule .	. 25 cm
Grösste Breite des Brustbeins .	9.4	„	Länge der Brustwirbelsäule . .	9.5 „
Höhe des Brustbeinkammes	5.4	„	Länge des Beckenwirbelcomplexes	9.5 „
Länge des Schulterblattes .	. 11.5	„	Grösste Länge des Beckens	. 15.3 „
Länge des Rabenbeins	9	„	Grösste Breite des Beckens .	9.6 „
Breite des Brustkorbes .	. 10.8	„	Zahl der Halswirbel ohne Atlas .	. 13 „
Länge des Gabelbeins	. 10.3	„	Zahl der Brustwirbel	. 7 „
Breite des Gabelbeins	4.6	„	Zahl der verwachsenen Beckenwirbel	15 „

Ich kann auf eine vergleichende Betrachtung des Skelettes an dieser Stelle, weil zu weit führend, nicht eingehen und verweise daher auf das schon oben p. 38 citirte Werk: „Abbildungen von Vogelskeletten."

Ein Vergleich mit dem vorigen Hahne aus Böhmen ergiebt vielfache Uebereinstimmung neben einigen Abweichungen. In der Grösse stehen beide nicht sehr auseinander, der Vogel aus Steiermark ist jedoch etwas grösser. Bei ersterem ist der Rackelstoss mehr ausgesprochen, d. h. die mittelsten Federn sind relativ kürzer, allein über die Stossform bei letzterem lässt sich nicht mit Sicherheit urtheilen, da nur 13 Federn vorhanden sind. Gemeinsam ist beiden die regelmässige schwarze Bänderung des Halses, welche zwar auch bei Auerhähnen mehr oder weniger ausgesprochen sein kann statt der gewöhnlich vorhandenen Sprenkelung, aber für diese seltenen Rackelformen (siehe auch unten: den Rackelhahn des Prager Museums) doch charakteristisch zu sein scheint; gemeinsam ist besonders auch die regelmässige Bindenzeichnung der Flügel- und Schulterdecken, sowie deren röthlichbraune Färbung, die Andeutung des Flügelspiegels und das Verhalten der grossen Flügeldeckfedern. Die graue Hals- und Rückenfärbung ist bei dem abgebildeten Hahn etwas heller, die weissen Endsäume der grossen Flügeldecken fehlen dem anderen.

Wenn man den zuletzt abgehandelten Hahn einfach für einen kleinen Auerhahn ansprechen wollte, welcher klein wäre, weil jung oder verkümmert, so entscheidet gegen seine Jugend die Beschaffenheit der Knochen, welche einem mehrjährigen Vogel entsprach, und ebenso die besonders hierauf von mir untersuchte Beschaffenheit der Federkiele, speciell am Stosse. Es fehlt auch sonst jeglicher Rest eines Jugendkleides, und überdies haben Auerhähne mit Resten des Jugendgefieders bereits einen voll entwickelten Stoss. Gegen eine Verkümmerung in Folge von Nahrungsmangel oder einer organischen Entwicklungshemmung, einer Zwergbildung oder dergleichen spricht der Umstand, dass solche Processe alle Organe gleichmässig zu afficiren pflegen, während hier der Stoss im Verhältniss zum ganzen Vogel viel zu klein ist, wenn man die Auerhahnverhältnisse zu Grunde legt; nähme man eine stattgehabte Läsion an mit darauffolgendem Nachwachsen des Stosses, der nun seine eigentliche Grösse nicht wieder erreicht hätte, sondern ein Auerhahnstoss en miniature wäre, so sprechen dagegen die Charaktere, welche beweisen, dass hier kein Auerhahn pur sang vorliegen kann.

Für die Rackelnatur des Vogels sprechen der kurze Stoss, die Verhältnisse der Flügeldeckfedern, die röthlicher braune Färbung, die Andeutung des Flügelspiegels, die Bindenzeichnung der Oberseite, der geradere Schnabel, und als wichtigste Momente sein Verhalten in der freien Natur und seine vom Kronprinzen Rudolf gehörten Rackeltöne. Auch das Gewicht 3.375 ko ist ein sehr geringes; von 109 Auerhähnen des Fürsten von Fürstenberg in Donaueschingen wogen, wie Herr Dr. Wurm mir kürzlich mitzutheilen die Güte hatte, nur 3 Stück 3.375 ko und 1 Stück 3.500 ko, dagegen 23 Stück 4 ko, 8 Stück 4.125 ko, 35 Stück 4.250 ko, 3 Stück 4.375 ko, 25 Stück 4.500 ko, 5 Stück 4.750 ko und 6 Stück 5 ko. Wenn man den einen oder anderen der genannten Rackelcharaktere auch nicht gelten lassen wollte, so haben dieselben in ihrer Gesammtheit doch zweifellos entscheidendes Gewicht, sie zeugen für das Birkwildblut, trotzdem die Mischung desselben mit Auerwildblut schon vor mehreren Generationen stattgefunden haben kann. Im Hofjagdbezirke Neuberg mit Reichenau und Eisenerz wurden im Frühjahre 1887 158 Auerhähne und 29 Birkhähne erlegt (Jagd-Zeitung 1887 p. 373).

Das Brustfleisch war, ohne besondere kulinarische Künste, ausserordentlich zart von Geschmack, was man bekanntlich dem Fleische des Rackelhahnes stets, demjenigen des Auer- und Birkhahnes durchaus nicht nachsagt; auch dieses Moment darf, so subjectiv es ist, mitsprechen.

Im Magen fanden sich Kiefernadeln und eine grössere Zahl rundlicher Kieselsteinchen.

Die von Prof. v. Koelliker in Würzburg gütigst für mich angestellte mikroskopische Untersuchung der Hoden ergab „Samenfäden in allen Entwicklungsstadien in reichlichster Menge und guter Ausbildung", ein positives Resultat, welches hervorgehoben zu werden verdient, da meines Wissens überhaupt noch kein Rackelhahn auf Samenfäden untersucht worden ist, und welches keinenfalls gegen die Möglichkeit der Fortpflanzungsfähigkeit dieser Bastarde spricht, wenn man eine solche aus anderen Gründen zu stipuliren Grund hätte.

Ich bezeichne diese 2 Vögel weiter unten als „Rackelhähne mit Auerhahntypus B", im Anschluss an die Bezeichnung des Kronprinz Rudolf.

TAFEL XI.

Verschiedenartige seltene Rackelhähne, I.

Auf dieser Tafel sind 2 seltene Rackelhähne, welche sich sonst sehr fern stehen, vereinigt. Der grössere ist ein Rackelhahn mit Auerhahntypus, während der kleinere in die Gruppe der Rackelhähne mit Birkhahntypus gehört.

Ersterer, in circa ²/₃ natürlicher Grösse abgebildet, ist derjenige Hahn, welchen Kronprinz Rudolf in seiner oben citirten Abhandlung unter A beschrieben hat. Dieser merkwürdige Rackelhahn wurde im April 1883 von Seiner Kaiserlichen Hoheit bei Svijan-Podol in Nord Böhmen zu derselben Zeit erlegt (siehe auch Jagd-Zeitung 1883 p. 225), als Prinz Philipp von Coburg dort den Rackelhahn mit Auerhahntypus erbeutete, welcher auf Tafel X dargestellt ist, und Kronprinz Rudolf hatte die Gewogenheit, mir jenen seltenen Vogel zum Abbilden übersenden zu lassen. Er wurde (Mitth. Orn. Ver. Wien 1883 p. 108) folgendermaassen charakterisirt:

„Von den bisher von mir untersuchten Mittelhähnen ziemlich verschieden. Rückschlag zu Urogallus. Starker, gelblichgrauer Schnabel, dunkelblauer Hals, in's Violette schillernde Brust. Unterseite dunkel mit nur wenig lichten Federn. Untere Steissfedern sammtschwarz mit wenig weissen Spitzen. Auf den Flügeln ein weisser Spiegel. Im Stoss weisse Flecken. Die oberen Deckfedern des Stosses sind lang und weiss marmorirt. Stoss auerhahnartig geformt, die letzten Federn nicht geschweift. Rücken urogallusartig, braun gefärbt. Augen braun. Rothe Augenränder, nicht sehr stark. Sehr schwach befiederte Füsse. Länge 79 cm, Breite 115, Fittig 36.5, Schnabel 4.1, Stoss 27.5, Fusswurzel 8, Mittelzehe 6.1 cm. Gewicht 3.220 ko.“

Dieser Hahn neigt in seiner Grösse viel mehr zum Auerhahn als zum gewöhnlichen Rackelhahn, allein er steht dem Auerhahne weit ferner als die unter „Rackelhähne mit Auerhahntypus“ beschriebenen 2 Exemplare (Tafel X). Der Gesammteindruck ist der eines kleinen Auerhahnes mit grün und violetter Brust und sehr gedrungenem, wenig auerhahnartigen Schnabel.

Kopf oben, Kopfseiten und Nacken schwarzgrau mit ziemlich undeutlicher dunkler Bindenzeichnung und stahlblau, etwas ins Violette ziehenden glänzenden Federrändern. Vorderer Theil der Wangen und Bart schwarz mit grünlichblauen Metallrändern. Hintere Wangenfedern und Vorderhals mehr violettblau gerandet, an den Halsseiten, welche etwas heller gezeichnet sind als der Oberkopf, schwächer werdend, Brust schwarz mit breiten glänzenden Spitzensäumen an den Federn, nach innen grünlich, nach aussen blauviolett; im Ganzen schimmert die Brust in gewissem Lichte grünlich, in gewissem blauviolett; es herrscht aber Blaugrün vor, so dass sie in der Mitte steht zwischen derjenigen des Auerhahnes und derjenigen des gewöhnlichen Rackelhahnes; die Ausdehnung des Metallschillers an der Brust ist grösser als beim Auerhahn (fast doppelt so lang), aber geringer als beim gewöhnlichen Rackelhahn, steht also auch in dieser Beziehung zwischen beiden. Unterseite schwarz mit wenig weisser Zeichnung und mit farbigem Schiller. Brust-seiten und Weichenfedern in der Zeichnung genau wie beim Auerhahn, nur etwas dunkler schwarz, nicht so braun. Am After die verdeckten Federbasen dunkel, die Spitzen weiss. Hosen schwärzlich mit weissen Spitzen. Tarsen grauschwarz mit ganz feiner Zeichnung, wenig befiedert; die Befiederung überragt auf der Aussenseite die Bindehaut der Zehen ein wenig und erreicht nicht ganz das zweite Zehenglied. Rücken und Bürzel schwarz mit graumelirter Zeichnung. Schulterfedern und Flügeldecken etwas dunkler braun als beim Auerhahn; die Grundfarbe der Federn ist grauschwarz mit dunkelbrauner und rein grauer Zeichnung, welche in Form von schmalen Bändern und Sprenkeln ungleich vertheilt ist. (Diese Bänderung erinnert an die gleiche bei den oben beschriebenen 2 Rackelhähnen mit Auerhahntypus.) Die vorletzte Schicht der grossen Flügeldecken bedeckt die letzte nicht ganz (wenn die Federn gleich orientirt sind), sie liegt fast 1 cm frei (beim Auerhahn liegt sie 2 cm frei, beim gewöhnlichen Rackelhahn ist sie ganz ver-deckt). Handschwingen und 1. Primärschwinge einfarbig schwärzlichbraun, die übrigen Primär-schwingen braun mit weisser, nach hinten gesprenkelter Aussenfahne, welche Sprenkelung aber an der Spitze verschwindet. Schäfte fahlbraun mit dunkleren Seitenrändern. Secundärschwingen schwarzbraun, in der Mitte mit breitem, weissen, unregelmässig geformten Spiegel, an den Aussen-fahnen braun und grau gezeichnet wie die Flügeldecken. Tertiärschwingen ebenso, auf der Innenfahne mehr hellgrau gesprenkelt, der mittlere Theil der Federn mit dunklem Fleck. Unter-flügeldecken wie beim Auerhahn, Axillarfleck weiss. Stoss: Oberseite schwarz, das mittlere Drittel weiss gefleckt, das Basisdrittel hier und da mit weisser Zeichnung, 18 Federn, 4.7—7 cm breit, Unterseite glänzend schwarz, an gewissen Stellen nach der Basis zu braun schillernd, weisse Zeichnung wie auf der Oberseite, aber seidenglänzend. Grosse obere Stossdecken schwarz mit 3 mm breitem weissen Endsaum und basaler Hälfte fast weiss mit wenigen dunklen Flecken, aus-genommen einen dunklen Kielstreif; die kleineren ebenso, aber mit wenig Weiss und mit grauer und bräunlicher Sprenkelung an den Rändern, Spitzensaum schmäler weiss. Die grossen Deckfedern lassen den Stoss 6 cm frei und sind bis 6 cm breit. Untere Stossdecken tief schwarz, die kleinen mit weissen Spitzen; die grossen lassen den Stoss circa 8 cm unbedeckt. Die Form des Stosses ist schön abgerundet, abgerundeter als beim Auerhahn; die Mitte jeder Feder trägt eine vorstehende Zackenspitze. Schnabel (des ausgestopften Vogels) an der Basis und die Spitze des Unterkiefers hornbraun, nicht sehr dunkel, in der Mitte knochengelb, vordere Hälfte der Firste fast schwarz mit Ausnahme der äussersten hellen Spitze. (Der Schnabel, verglichen mit der oben citirten Beschreibung seitens des Kronprinzen Rudolf, scheint etwas nachgedunkelt zu sein.)

Maasse:

Schnabel v. culm. z. Spitze in gerad. Rchtg.	4.7 cm	Flügel	. 37 cm
Unbefiederter Oberschnabel . . .	. 2.7 „	Länge der äussersten Stossfedern .	. 24 „
Oberschnabelbreite vor der Befiederung .	1.85 „	Länge der mittleren Stossfedern	. 26 „
Oberschnabelhöhe vor der Befiederung .	1.5 „	Tarsen . . .	8 „
Unterschnabelhöhe vor der Befiederung c.	0.8 „	Mittelzehe mit Nagel .	8 „

Ich bezeichne diesen Vogel weiter unten als „Rackelhahn mit Auerhahntypus A" im Anschluss an die Bezeichnung des Kronprinzen Rudolf; das Exemplar ist meines Wissens bis jetzt ein Unicum.

Der ferner auf Tafel XI in circa ²/₃ natürlicher Grösse von vorn abgebildete, seltene Rackelhahn, ebenfalls, so viel ich weiss, ein Unicum, ziert jetzt das Dresdner Museum (No. 8432), welchem derselbe von Herrn Baron A. v. Krüdener auf Wohlfahrtslinde in Livland dankenswerthester Weise gespendet worden ist. Der geschätzte Autor berichtet über diesen Hahn in der „Jagd-Zeitung" (1885 p. 502), dass er im Juli 1885 auf dem Gute Ranzen, wo bereits 1884 zufällig ein Rackelhahn erbeutet wurde (s. oben S. 40), auf der Birkhühnersuche von dem Hühnerhunde gestreckt worden sei, in einem Revier, in welchem Auerwild fehle. Es heisst dort weiter: „Dieser Hahn fällt sofort durch seine Kleinheit auf. Der Kopf ähnelt dem Birkhahn, denn die Rose ist stark entwickelt, der Schnabel schwarz, am Vorderhals hat er weissliche Streifen und Pünktchen. Der Fächer ist nur wenig ausgeschnitten. Die äussersten Steuerfedern etwa derartig geschwungen wie bei alten Birkhennen. Das Brustschild grünlich schillernd, und die Flügeldeckfedern bräunlich wie beim Auerhahn."

Der Gesammteindruck dieses Hahnes ist der eines kleinen Rackelhahnes mit stahlgrüner Brust, lebhaft weissgefleckter Kehle und ebensolchen Halsseiten.

Kopf, Wangen und Ohrdecken schwarz, kaum mit einem Schein ins Violette; Schnabelbefiederung etwas matter. Nacken und Hinterhalsfedern schwarz, fein bräunlich quermelirt, an der Spitze mit bräunlichweisser schmaler Binde. (Gewöhnliche Rackelhähne zeigen nur eine schwache hellere feine Bestäubung hier, ein junger solcher besitzt die Querbänderung ebensowenig, dagegen hat der auf demselben Revier erlegte und oben p. 40 beschriebene Rackelhahn No. 8433 wohl eine Andeutung davon, und eine ähnliche, aber auch weniger ausgesprochene Zeichnung an Kehle und Halsseiten.) Bart vorherrschend schwarz. Kinn, Kehle, Vorderhals und Halsseiten in der oberen Hälfte weiss mit schwarzen Querbinden, wodurch der Eindruck des Weissfleckigen hervorgerufen wird. Hals weiter abwärts vorn und an den Seiten wie der Oberkopf. Unterer Theil des Halses und Brust bräunlich schwarz mit stahlgrünen mattglänzenden 4 mm breiten Endsäumen, bei seitlich einfallendem Lichte mit ganz blass violettgrauem Schimmer; der grüne Metallschimmer ist nicht auerhahnartig umgrenzt, sondern birkhahnartig allmählich verlaufend; Brustseiten und Weichen schwarzbraun, fein bräunlichgrau punktirt. Bauch in gewissem Lichte mit schwach violettem Schimmer. Rücken matt schwarz, bräunlich grau punktirt und gesprenkelt. Auch auf dem Rücken hier und da grünliche Metallränder, während beim gewöhnlichen Rackelhahn entweder Violett vorhanden ist oder gar kein Metallschimmer. Bürzel und kleine oberen Schwanzdecken theilweise etwas heller bräunlich, die grossen fahl braunschwarz mit hellbrauner Berieselung, welche von der Basis nach der Mitte eine Stelle frei lässt. Schwingen durchweg gleichmässig fahl schwarzbraun, Flügeldecken, sowie die Aussenfahnen der Secundärschwingen bräunlich und grau gesprenkelt. Das Verhalten der Flügeldecken bezüglich der Grösse der verschiedenen Schichten ist wegen Defectes und Mauserung nicht genau zu ermitteln. Handschwingen und einige frisch vermauserte Primärschwingen etwas dunkler; Aussenfahnen der meisten Primärschwingen weiss und braungrau gestrichelt, Schäfte hell. Weisser Spiegel an den Secundärschwingen stark entwickelt, freiliegend, c. 6 cm vom Ende der Schwingen entfernt. Tertiärschwingen etwas bräunlicher, ebenso einzelne Federn auf den Schulterdecken, welche Reste des Jugendkleides zu repräsentiren scheinen. Grosse untere Flügeldecken silbergrau und weiss, mittlere und Axillaren rein weiss, Flügelrand schwarz und weiss. Unterseite der Schwingen bräunlich grau mit lebhaftem Silberglanz. Weisser Axillarfleck ziemlich sichtbar. Stoss mit 18 Federn oben schwarz mit schwachem Glanz, ganz ohne Weiss an der Basis; die Aussenfahnen der äussersten Stossfedern in der Mitte mit lebhaft braunem Scheine, Kiele schwarz; die oberen Stossdecken lassen den Stoss bis zu 3 cm unbedeckt. Stoss unten bräunlicher mit grauem Glanz, Kiele hell; der Kiel der äussersten in der Basishälfte bügelförmig nach auswärts gebogen, c. 13 mm von der geraden Linie abweichend wie beim Birkhahne, während der gewöhnliche Rackelhahn es nicht so stark zeigt. Untere Stossdecken zum grössten Theile schwarz mit weissen Enden, welche das Schwarz aber so bedecken, dass der ganze Unterstoss fast weiss erscheint, der Stoss bleibt nur 2.2 cm in der Mitte unbedeckt vom Unterstoss. Afterfedern dunkel, zum Theil weiss gespitzt. Hosen weiss. Tarsen schwach befiedert, fahl bräunlich und weisslich gesprenkelt, an der Innenseite trüb weiss; Bindehäute der Zehen von der Befiederung überragt. Schnabel hornschwarz, an den Schneiden und unten etwas bräunlich.

Maasse:

Schnabel v. culmen z. Spitze i. ger. Linie	3.8 cm	Flügel	. 29	cm
Oberschnabel v. d. Befied. in ger. Linie	1.7 „	Aeusserste Stossfedern .	. 18.5	„
Oberschnabelbreite vor der Befiederung	1.1 „	Mittlere Stossfedern	. 16	„
Oberschnabelhöhe vor der Befiederung	1 „	Breite der Stossfedern .	. 2.6–4	„
Unterschnabelhöhe vor der Befiederung	0.6 „	Tarsen	6.4	„
Gesammtschnabelhöhe an der Basis	1.85 „	Mittlere Zehe mit Nagel .	7	„

Der oben Seite 40 beschriebene Rackelhahn aus demselben Revier (No. 8433 des Dresdner Museums) zeigt eine gewisse Verwandtschaft, und ich kann nicht ausschliessen, dass diese beiden Hähne nicht auch blutverwandt sind, ich halte dieses sogar für wahrscheinlich. Auch er zeigt Weiss am Halse, wenn auch viel weniger als der grünbrüstige, auch seine Wangenfedern sind stark weiss gebändert und der Hinterhals bietet eine ähnliche graubräunlich melirte Zeichnung der Feder-ränder, endbindenartig, die Flügelzeichnung endlich weis't viel Aehnlichkeit auf. Das Weiss an Kopf und Kehle erinnert an das des jungen Birkhahns No. 9116 (s. oben Seite 20). Jugendcharakter und Bastardcharakter stimmen also in diesem Punkte überein und scheinen gemeinsam auf ein Vorfahrenkleid zu weisen.

Neuerdings hatte Herr v. Krüdener die Güte mir mitzutheilen, dass auf dem Gute Ranzen im April 1887 wieder ein Rackelhahn bemerkt worden sei, und zwar von dem Forstwart, welcher s. Z. den grünbrüstigen erlegt hatte. Dieser Hahn soll spitz von vorn eine helle graue Brust gezeigt haben und der Grösse nach dem Birkhuhn zuneigen. Diese Gegend scheint an seltenen Rackelformen ergiebig zu sein; da Auerwild dort für gewöhnlich nicht vorhanden ist, so wird eine versprengte Auerhenne sich unter dem Birkwild angesiedelt haben und mit diesem und den eigenen Abkömmlingen die seltenen Rackelwildformen zeugen.

Ich werde im Verlaufe diesen kleinen grünbrüstigen Rackelhahn der Tafel XI als Rackelhahn mit Birkhahntypus C bezeichnen.

TAFEL XII.

Verschiedenartige seltene Rackelhähne, II.

Auf dieser Tafel sind 3 untereinander zum Theil sehr verschiedene seltene Rackelhähne zusammen dargestellt, und zwar zwei mit Auerhahn- und einer mit Birkhahntypus. Der grosse in der Mitte, in c. $^2/_3$ natürlicher Grösse, ist ein Rackelhahn mit Auerhahntypus aus dem Museum zu Lausanne, der stark verkleinerte im Hintergrunde links ein ebensolcher, dem Lausanner nahe verwandter, aus dem Museum zu Prag, und der stark verkleinerte im Hintergrunde oben rechts ein Rackelhahn mit Birkhahntypus aus dem Museum zu Laibach.

Rackelhahn mit Auerhahntypus aus dem Museum zu Lausanne.

Ueber diesen seltenen Vogel liegt eine Publication von Fatio vor (Bull. Soc. vaudoise des sc. naturelles vol. IX No. 58 1868 p. 5—9 des Sep. Abdr.), welcher denselben als „Tetrao medius inverse" bezeichnet hat und annimmt, dass der Auerhahn der Vater, die Birkhenne die Mutter gewesen sei. Ich möchte eher annehmen, wie ich unten zu begründen suchen will, dass der gewöhnliche Rackelhahn der Vater und die Auerhenne die Mutter war. Collett (Forh. Vid. Selsk. Christ. 1872 p. 235) meint, der Lausanner Vogel sei eine hahnenfedrige Auerhenne, hierin irrt der geehrte Forscher sich jedoch zweifellos.

Herr Largnier vom Museum zu Lausanne hatte die Güte, mir das seltene, in der Schweiz erbeutete Exemplar zum Abbilden zu leihen, und ich erlaube mir, Fatio's Beschreibung in Folgendem zu ergänzen:

Der Gesammteindruck ist derjenige eines grossen Rackelhahnes mit auerhahnartigen Flügeln und auerhahnartigem Schnabel, blauviolettem Brustschild und etwas abgerundetem Stosse.

Kopf und Hinterhals dem gewöhnlichen Rackelhahn ähnlich, ein Gemisch von Braun, Schwarz und Grau, die Federn ganz fein bestäubt oder melirt. Nasenfedern etwas dunkler. Oberkopf mit blauviolettem, ganz schwachem Glanz. Wangen wie Oberkopf, die Federn mit weissen Spitzenflecken, welche breiter als lang sind, auch einige kleinere am Zügel. Die Ränder der Bart- und Vorderhalsfedern mit blauviolettem Schiller, nach der Brust zu breiter werdend und auf dieser eine halbmondförmige bis 6 cm breite Binde bildend, weniger scharf begrenzt, als

7*

beim Auerhahn, schärfer als beim gewöhnlichen Rackelhahn; der Metallschimmer ist ein wenig blauer als bei letzterem, aber viel violetter als beim Birkhahn. Bauch schwärzlich braun, weiss gezeichnet, und besonders an den Seiten mit unregelmässigen schmalen weissen Schaftstrichen. Weichenfedern bräunlich und grau melirt, die grossen mit weissen Enden. Der Glanz der ganzen Unterseite ist bei sehr seitlich einfallendem Lichte schwach graublauviolett. Hosen aussen weiss, innen bräunlich. Tarsenbefiederung mässig lang, das erste Zehenglied überragend, graubraun, auf der Innenseite mit Weiss untermischt. Federn der Oberseite nach dem Rücken zu mit schwach graublauviolettem Glanze. Mantel und Flügeldecken braunschwärzlich berieselt, stellenweise das Braun mit Grau untermischt; die äusserste Schicht der grossen Flügeldecken in ihrem mittleren Theile von der 2. fast bedeckt. Rücken und Bürzel schwärzlich mit grauer Berieselung. Primärschwingen fahlbraun, Aussenfahnen der äusseren beiden und die 7. hell gesprenkelt, die grössten, 3.—6., mit in der Mitte fast weisser Aussenfahne; die Schwingenspitzen 3—5 mm breit hellbraun gerandet oder gesprenkelt; die Schäfte im Basaltheil heller gelblich, im Spitzentheile brauner. Secundärschwingen fahlbraun mit hellbraun gesprenkelten Rändern an der Aussenfahne, die Innenfahne dem Rande zu heller werdend mit weisslich gesprenkelter Spitze; Endsäume bis 2.5 mm breit, trübweiss; Basalhälfte unregelmässig spärlich weiss gefleckt, wodurch ein schwach ausgesprochener Spiegel angedeutet wird; derselbe ist nur wenig vor den Flügeldecken freiliegend; Kiele glänzend chokoladenbraun. Tertiärschwingen wie die Flügeldecken, an den Spitzen etwas heller; Kiele gleichfalls chokoladenbraun. Unterseite der Flügel weisslichgrau glänzend mit helleren Kielen, grosse Unterflügeldecken zum Theil und Axillaren weiss, der übrige Theil der grossen grau und weiss, die kleinen mit schwarzbrauner Basiszeichnung. Stoss matt schwarz, bei seitlich auffallendem Lichte mit schwachem bläulichgrauen Schiller, die mittleren Federn auf der Aussenfahne bräunlich grauweiss gesprenkelt; Spitzensäume trübweiss, an den mittleren Federn bis 2 mm breit; auf der Stossmitte einige weisse Flecke; Kiele glänzend schwarz, an der Basis hornbraun. 19 Federn im Stoss; ob es ursprünglich 20 waren, ist an dem ausgestopften Exemplar schwer zu eruiren. Die seitlichen oberen Stossdecken schwarz, an den Spitzen weiss gesprenkelt und berandet, die mittleren fahlbraun, braungrau gesprenkelt, Spitzensäume ebenfalls weiss. Der Stoss bleibt 6.5 cm von den Deckfedern frei. Unterseite des Stosses schwarzbräunlich glänzend mit helleren Kielen. Untere Stossdecken schwärzlich mit breiten weissen Enden, welche sich an den seitlichen nach der Basis zu verlängern und bei den mittleren am Kiel einen Keilfleck bilden; sie lassen den Stoss 7.5 cm unbedeckt. Die Spitzen der Afterfedern schmutzig weiss. Schnabelfärbung auerhahnähnlich, graugelblich mit elfenbeinfarbigem helleren Streif parallel der Schneide, nahe derselben, an Ober- und Unterschnabel; Firste der Oberschnabelspitze bräunlich.

Maasse:

Schnabel v. culmen z. Spitze i. ger. Linie	5	cm	Flügellänge . . .	. 36	cm
Unbefied. Oberschnabel in ger. Linie	2.05	„	Aeusserste Stossfedern	. 20.5	„
Oberschnabelbreite vor der Befiederung	1.55	„	Mittlere Stossfedern	. 22	„
Oberschnabelhöhe vor der Befiederung	1.25	„	Tarsen	8	„
Gesammtschnabelhöhe v. d. Befiederung	2	„	Mittlere Zehe ohne Nagel	6.5	„
Gesammtschnabelhöhe an der Basis .	2.4	„	Nagel .	1.5	„

Rackelhahn mit Auerhahntypus aus dem Museum zu Prag.

Dieser seltene, in Nord Böhmen (Revier Kost bei Sobotka) erbeutete und noch unbeschriebene Hahn, welcher auf Tafel XII links unten, stark verkleinert, abgebildet ist, wurde mir von Herrn Prof. Fritsch gütiger Weise zur Verfügung gestellt. Er stammt aus ziemlich derselben, an Rackelwild so reichen Gegend wie die 2 auf Tafel X und XI abgebildeten Rackelhähne mit Auerhahntypus A und B. Das Prager Museum verdankt ihn dem Grafen Dalborgo, Besitzer der Herrschaft Kost.

Der Gesammteindruck ist ein ähnlicher wie bei dem vorigen, aber der gewöhnliche Rackelhahncharakter ist etwas mehr ausgeprägt, besonders in der Stossform.

Kopf, Nacken und Hinterhals schieferschwarz mit schmalen hellschiefergrauen Rändern und Querbinden, letztere vorn sehr wenig ausgeprägt, nach hinten allmählich deutlicher werdend. Nasenfedern einfarbig schwarz mit sehr schwachem, kaum ins Violette spielenden Glanz. Kinn, Kehle und Wangen schwarz mit violett schillernden Rändern, welche Färbung zuweilen, besonders an der Kehle, ins Bläuliche spielt. Brust schwarz mit breit violettschillernden Rändern, welche nach innen bläulich erscheinen, gleichsam eine schmale bläuliche Mittelbinde bildend. Nach dem Bauche und den Seiten zu erscheinen diese Ränder rein stahlblau, kaum hier und da mit violettem Schimmer; im Ganzen ist der Metallschimmer auf dem schwarzen Bauche schwach. Weichen bräunlichschwarz mit Gelbgrau und Bräunlichgrau sehr fein berieselt. Lose lange Oberschenkelbefiederung weisslich, wie der After, die Federn an der Basis dunkel. Hosen schwärzlich mit schmaler bräunlicher Bänderung. Tarsen schwärzlich mit feiner grauer Zeichnung. Oberrücken bräunlich schwarz mit brauner und an den Spitzen weissgrauer bindenartiger Berieselung. Unterrücken vorherrschend mattschwarz, hellgrau berieselt. Mantel und Flügeldecken schwarz mit zickzackförmiger brauner Berieselung, welche zum Theil vor dem Schwarz vorherrscht und hier und da ins Gelbbraune spielt (Jugendfärbung); die grossen Deckfedern lebhafter bräunlich, hier und da mit schwarzen Tupfen; zwischen den mittleren und grossen Deckfedern tritt die graue Berieselung mehr hervor; die äusserste Schicht der grossen Deckfedern ist von der zweiten in der Mitte fast bedeckt. Primärschwingen dunkelbraun, die Aussenfahnen der kürzeren hellbräunlich gesprenkelt, der längeren ins Weissliche ziehend, besonders der Basis zu, Schäfte braun. Secundärschwingen schwarzbraun, bei flach einfallendem Lichte ins Graue spielend, die kleinere Endhälfte an den Rändern der Aussenfahnen braun, der Innenfahnen grau berieselt, die grössere Basishälfte mit weisser, graufleckiger Zeichnung, einen schmalen unverdeckten Spiegel darbietend; Spitzen bis 1.5 mm breit weiss gesäumt. Tertiärschwingen mehr ins Braune ziehend. Axillaren weiss. Grosse Unterflügeldecken hellgrauweiss gesprenkelt, das Enddrittel und die kleineren rein weiss. Flügelbug und dessen Decken weiss und schwarzgrau gezeichnet. Bürzel und obere Schwanzdecken ziemlich dem Unterrücken gleich mattschwarz, nach innen röthlichbraun, nach aussen hellgrau berieselt. Die äusseren grossen oberen Stossdecken schwarz und wenig braun, die mittleren lebhaft rothbraun gezeichnet mit 2 mm breiten weissen Endsäumen; die unteren schwarz mit breiten weissen Spitzen, welche am Kiel keilförmig nach innen verlängert und zum Theil schwärzlich gesprenkelt sind. Stoss mit 18 Federn; ausgebreitet treten die mittleren etwas (nicht 1 cm) vor, an den Seiten die vorletzte wenige Millimeter; man kann daher sagen, der Stoss sei fast gerade mit schwachem doppelten Ausschnitt; Ober- und Unterseite des Stosses tief schwarz; die mittleren 10 Federn mit weisser verdeckter Fleckenzeichnung in der Mitte der Federn, die äusseren ohne diese Zeichnung; die Aussenfahnen mehr oder weniger schwach bräunlich gesprenkelt, die der äussersten 2 Federn etwas heller bräunlich gefleckt, und zwar ganz am Aussensaume in der Mitte der Feder; die 2 mittleren Stossfedern haben schmale weisse Endsäume; Schäfte auf der Oberseite glänzend schwarz, auf der Unterseite an der Basis fast weiss. Schnabel schwärzlich, Oberschnabel in der Mitte der Schneide und Unterschnabel an der Basis beingelb.

Maasse:

Schnabel v. culmen z. Spitze in ger. Linie	4.3 cm	Flügellänge .	. 32.5 cm
Unbefied. Oberschnabel in gerader Linie	2.1 „	Stoss .	. 20 „
Oberschnabelbreite vor der Befiederung	1.5 „	Tarsen	7 „
Oberschnabelhöhe vor der Befiederung	1 „	Mittlere Zehe ohne Nagel .	5.8 „
Unterschnabelhöhe vor der Befiederung	0.7 „	Nagel	1.5 „

Diese beiden Hähne von Lausanne und Prag werde ich im Folgenden als Rackelhähne mit Auerhahntypus C bezeichnen. Während sie sich im Allgemeinen nahe stehen und jedenfalls auch nahe verwandt sind, weisen sie speciell folgende Unterschiede auf: Es fehlen dem Prager die weissen Wangenspitzen, und er ist grauer am Kopfe; dem Lausanner fehlt die graue Bindenzeichnung am Kopf und Nacken. Die sonst ziemlich übereinstimmende Oberseite ist etwas lebhafter bei dem Prager; der Lausanner ist überhaupt matter in der Farbe. Der Stoss des Prager ist mehr abgerundet. Die Brust ist gleich, aber der Bauch bei dem Lausanner schwärzlich ohne Blau. Der Schnabel des letzteren ist hell, der des Prager dunkel. Der Flügelspiegel ist bei dem Lausanner schwächer ausgeprägt, auf der anderen Seite trägt er am Kopfe mehr vom Charakter des Birkhahnes.

Beide unterscheiden sich von dem auf Tafel XI abgebildeten Rackelhahn mit Auerhahntypus A wesentlich. Letzterer ist viel auerhahnähnlicher, bedeutend grösser, mit runderem Stosse begabt, mit dunklerem Kopfe und mit auch grünlichem Brustschimmer.

Rackelhahn mit Birkhahntypus aus dem Museum zu Laibach.

Dieses Unicum — so viel ich weiss — ist auf Tafel XII oben rechts, stark verkleinert, abgebildet und wurde mir von Hrn. Deschmann vom Museum zu Laibach gütigst zur Verfügung gestellt. Erlegt und beschrieben ist dieser seltene Rackelhahn von Hrn. Gallé, erlegt im März 1884 bei Lengenfeld in Oberkrain, nachdem er schon im Frühjahr 1883 beobachtet worden war. Er balzte stets am Boden, am häufigsten auf Balzplätzen des Auerhahns, hielt keinen Stand, bekämpfte alle benachbarten Auer- und Birkhähne und soll häufig in Gesellschaft von Auerhennen gesehen worden sein. Sein Balzlaut wird als sehr eigenthümlich geschildert. Wenn auch in der Beschreibung (Jagd-Zeitung 1884 p. 237 und 435) einige Charaktere bereits hervorgehoben worden sind, welche der gewöhnliche Rackelhahn (Tetrao medius auct.) nicht besitzt, so wurde er doch für einen solchen gehalten. Auch Herr „B." (Jagd-Zeitung 1884 p. 327) erklärte ihn nur für „ein Prachtexemplar eines Tetrao medius", ohne zu bemerken, wie man auf den allerersten Blick und in der Entfernung schon bemerken könnte, dass er sich von einem solchen durch den über den ganzen Körper ausgegossenen fasanartigen Schimmer unterscheidet. So sah denn auch Herr Sterger bald (Jagd-Zeitung 1884 p. 366), dass hier ein „seltenes Stück" vorliege, welches nicht wie der gewöhnliche Rackelhahn aus einer Paarung des Birkhahnes mit der Auerhenne hervorgegangen sein könne.

Der Gesammteindruck ist der eines mit Bronzeviolettschimmer übergossenen gewöhnlichen Rackelhahnes.

Der ganze Vogel, mit Ausnahme der Flügel und des Schwanzes, glänzt metallisch bronzeviolett in einer Nüance, wie sie bis jetzt noch von keinem anderen Rackelhahn bekannt wurde. Es zeichnet sich dieses Exemplar hierdurch vor allen anderen bekannten in merkwürdiger Weise aus, und zwar ist der Farbenunterschied ein sehr bedeutender. Im Einzelnen modificirt sich dieser Metallglanz folgendermaassen: Bart und Oberkopf etwas violetter. Am Hinterhals von den Ohrdecken abwärts jederseits ein über 1.5 cm breiter weniger farbiger Streif, etwas ins Grünliche ziehend. Vorderhals und Brust in schönster Färbung, die einzelnen Federn mit olivebronzenem, violett gesäumten Rand und schwarzer, meist verdeckter Basis. Der Metallrand der Brustfedern ist 8—9 mm breit, wovon der violette Endsaum 1.5—2 mm einnimmt. Bei gerade auffallendem Lichte erscheint die ganze Fläche in einem matten hellröthlich violetten Ton, ganz und gar verschieden von dem mehr Blauviolett des gewöhnlichen Rackelhahns. Bei seitlich auffallendem Lichte kommt die olivenbronzene Färbung zum Vorschein und in gewisser Beleuchtung, besonders von unten gesehen, erscheint die Farbe ganz bronzegrün. Es ist eine ganz auffallende Aehnlichkeit in der Farbe vorhanden mit dem Bastard zwischen Birkhahn und Edelfasan, welcher sich auf Tafel XVII dargestellt findet. Der Bauch ist etwas mehr blauviolett, nicht sehr lebhaft, die metallischen Federränder 2—2.5 mm breit. Weichen ohne Glanz. Die ganze Oberseite, mit Ausnahme des Mantels, fein braun und grau punktirt oder bestäubt, auf dem schwarzen und zum Theil auch auf dem bronzevioletten Grunde eine feine Zeichnung, wie sie auch der gewöhnliche Rackelhahn und der Birkhahn an gewissen Parthien besitzt. Der farbige Metallglanz ist weniger lebhaft als auf der Unterseite, aber doch sehr ausgesprochen und die graue Bestäubung vorherrschend auf dem Hinterhalse und dem Bürzel. Flügeldecken, Schulterfedern und Mantel schwarzbraun mit grauer und brauner Berieselung; Lageverhältnisse der grossen Flügeldecken wie beim gewöhnlichen Rackelhahn. Primärschwingen fahlbraun, Kiele weisslichbraun, Aussenfahnen mit etwas weisser Zeichnung in der Mitte. Secundärschwingen wenig dunkler braun mit hellerer Sprenkelung auf den Aussenfahnen und auf den Basishälften mit weissen, unzusammenhängenden Spiegelflecken; Kiele fast schwarz. Tertiärschwingen wie die Secundärschwingen, aber auf beiden Fahnen hell gesprenkelt, welche Sprenkelung auf den Aussenfahnen einen runden Fleck von circa 1 cm Durchmesser freilässt. Weisser Axillarfleck stark ausgeprägt. Die langen Axillarfedern weiss, die grossen Unterflügeldecken hellgrau mit breiter weisser Spitze und theilweiser Sprenkelung, die mittleren und kleinen rein weiss. Befiederung des Flügelrandes schwarz und weiss. Unterseite der Schwingen grau, Kiele weiss. Stoss: Oberseite schwarz mit etwas Glanz, Breite der 18 Federn bis 6 cm. Kiele glänzend schwarz. Obere Stossdecken ebenso mit bis 1.5 mm breiten weissen Säumen; sie lassen bei aufrecht stehendem Stosse 6 cm in der Mitte des Stosses frei. Unterseite etwas heller, bräunlich, stark glänzend, Kiele weiss mit schwarzen Streifen. Der Kiel der äussersten Feder etwas ausgeschweift (beim gewöhnlichen Rackelhahn ist er gerader). Der zusammengelegte Stoss dürfte ausgeschnittener sein, als derjenige des gewöhnlichen Rackelhahnes, es ist dies an dem ausgestopften Exemplare nicht sicher zu stellen. Unterstossdecken am After weiss, die übrigen schwarz mit weissen Endflecken, welche nach dem Ende zu spärlicher werden, bei einzelnen ganz fehlen und bei den langen schwarz gesprenkelt erscheinen; sie lassen den Stoss 5.5 cm unbedeckt. Afterfedern an der Basis schwarzgrau, aussen schmutzig weiss, ebenso die Hosen, doch dunkler. Ständer vorn grauschwarz mit Weisslich gefleckt; die Befiederung überragt das erste Zehenglied an der Mittel- und Aussenzehe. Schnabel: Grundfarbe gelb, Firste bis zur Spitze und Oberschnabelbasis, sowie ein Längsstreif zu den beiden Seiten des Unterschnabels schwärzlich hornbraun, an der linken Seite etwas unterbrochen; der gelbe Fleck an der Seite des Oberschnabels links viel kleiner als rechts.

Maasse:

Schnabel vom culmen zur Spitze . .	4.2 cm	Flügel . . .	. 33	cm
Unbefiederter Oberschnabel in ger. Linie	2.25 „	Aeusserste Stossfedern .	. 25	„
Oberschnabelbreite vor der Befiederung	1.5 „	Mittelste Stossfedern	. 20.5	„
Oberschnabelhöhe vor der Befiederung	1.1 „	Tarsen	7	„
Unterschnabelhöhe vor der Befiederung	0.85 „	Mittelzehe mit Nagel .	7	„

An den Skeletresten, welche von denen des gewöhnlichen Rackelhahnes nicht abweichen, konnte ich folgende Maasse nehmen:

Länge des Oberschenkels .	9.8 cm	Höhe des Brustbeinkammes .	4.6 cm
Länge des Brustbeins .	. . 16.6 „	Länge des Beckens . . . . . . 13.7 „
Grösste Breite d. Brustb. (proc. xiph. ext.)	7 „	Grösste Breite des Beckens (os pub.) . 7.7 „

Ich werde diesen Rackelhahn im Folgenden als Rackelhahn mit Birkhahntypus B bezeichnen.

Es wird von Interesse und lehrreich sein, die Maasse aller oben beschriebenen Rackelhähne zusammen zu stellen und zum Vergleiche daneben diejenigen von Auer- und Birkhähnen:

			Mit Auerhahntypus A—C					Mit Birkhahntypus A—C			
Bezeichnung des Vogels . .	Auerhähne	Rackel	Rackel	Rackel	Rackel	Rackel	Rackelhähne	Rackel	Rackel	Birkhähne
Sammlung oder Museum . .	Dresden	Kpr. Rudolf	Pr. Coburg	Kpr. Rudolf	Lausanne	Prag	Diverse	Laibach	Dresden	Dresden
Abbildung .	Tafel I	—	Tafel X	Tafel XI	Tafel XII		Taf. VIII u. IX	Tafel XII	Tafel XI	Tafel IV
Typus	—		Auertypus B	Auertypus A	Auertypus C		Birktypus A	Birktypus B	Birktypus C	—
Schnabellänge vom culmen .	6—6.7	5.8	4.8	4.7	5	4.3	4—4.4	4.2	3.8	2.95—3.4
Unbefiederter Oberschnabel .	3.2—3.5	2.9	2.7	2.7	2.05	2.1	1.8—2.45	2.25	1.7	1.5—1.6
Oberschnabelbreite v. d. Befied.	2.1—2.4	2	1.8	1.85	1.55	1.5	1.4—1.75	1.5	1.1	1—1.15
Oberschnabelhöhe v. d. Befied.	1.6—1.8	1.5	1.4	1.5	1.25	1	1—1.25	1.1	1	0.75—0.8
Unterschnabelhöhe v. d. Befied.	1.2—1.3	1.1	—	c. 0.8	0.75	0.7	0.6—0.8	0.85	0.6	0.5
Flügel . . .	40—42.5	37.5	36	37	36	32.5	31.2—34.8	33	29	26—27
Aeusserste Stossfedern .	26.5—30.5	21.5	21	24	20.5	19	20.5—26.4	25	18.5	22
Mittlere Stossfedern .	31.5—36.5	25?	23	26	22	20	17—21	20.5	16	11
Breite der Stossfedern .	6—9	3.6—5.4?	4—4.5	4.7—7	—	3—4	3—6.2	bis 6	2.6—4	2.8—4.5
Zahl der Stossfedern .	18—20	17?	18	18	19	18	18—20	18	18	18
Stoss unbedeckt .	9—10	—	—	6	6.5	6	3.5—5.1	6	3	c. 1.5
Tarsen	8.5—9	8	6.6	8	8	7	6—6.7	7	6.4	5.5—5.6
Mittelzehe ohne Nagel .	6.5—7.3	6.8	6	6.5	6.5	5.8	5—6.4	5.2	5.3	4.2—4.65
Nagel . .	1.5—2.4	2.1	1.6	1.5	1.5	1.5	1.5—2	1.8	1.7	1.1—1.5
Gewicht in Kilo .	über 4	3.375	3.230	3.220	—	—	c. 2.5	2.6	—	c. 1.5

TAFEL XIII.
Rackelhennen mit Dunenjungen.

Rackelhennen sind zwar schon beschrieben worden, aber noch niemals eine, deren Abstammung genau bekannt war. Ich bin in der Lage, auch eine solche beschreiben zu können. Es ist ausserordentlich schwer, die unter einander verschiedenen Rackelhennen auf ihre Abstammung hin zu prüfen; ich muss mich auch eines solchen Versuches hier enthalten und es unentschieden lassen, ob die mir bekannt gewordenen Exemplare alle derselben Kreuzung entstammen, wie die eine, deren Eltern bekannt sind.

Nilsson (Skand. Fauna 1. Auflage 1824 II p. 90) war der Erste, welcher die Rackelhenne beschrieben hat, denn Chr. L. Brehm (Beiträge zur Vögelkunde II p. 633 und 670 1822) beschrieb als Rackelhenne eine Birkhenne, und Naumann (Naturgesch. der Vögel Deutschlands 1833 VI p. 309) sah nicht nur dasselbe Exemplar auch für eine Rackelhenne an, sondern bildete es auch auf Tafel 156 Fig. 2 seines Werkes ab. Es ist auffallend, dass bis jetzt Niemand, so viel ich weiss, diesen Irrthum entdeckt hat, aber es beweist nur, wie wenige Exemplare von Rackelhennen in Sammlungen vorhanden sein mögen. Brehm sagt (p. 638): „Die Unterschwanzdeckfedern sind sehr lang", Naumann (p. 311) fügt hinzu: „dass sie noch $^3/_4$ Zoll über die mittleren Schwanzfedern hinausragen", was auch an seiner Abbildung ersichtlich ist. Dieses ist aber ein Charakter der Birkhenne und nicht der Rackelhenne. Brehm (p. 646) sagt weiter: „Es ist eigentlich ein grosses Birkhuhn mit abgehacktem Schwanze, welcher dem der Birkhenne gar nicht unähnlich ist", dann (p. 670): „Der Schwanz ist $5^1/_2$ Zoll lang und 1 Zoll tief ausgeschnitten", während er für die Birkhenne daneben anführt: „Der Schwanz ist $4^1/_2$ Zoll lang und $1^1/_4$ Zoll tief ausgeschnitten", also nur $^1/_4$ Zoll im Ausschnitt Unterschied; dieses passt niemals für Rackel- und Birkhenne, wie wir unten sehen werden, der Stoss der Rackelhenne ist fast gerade. Ferner meint Brehm (p. 671), die Kehlfedern bei der Birkhenne seien nicht verlängert, bei der Rackelhenne bildeten sie einen 15 Linien langen Bart, allein die Birkhenne besitzt ebenfalls einen Bart, und der Unterschied in der Länge desselben bei Rackel- und Birkhenne ist so gering, dass sie hieran nicht leicht zu unterscheiden sind. Endlich heisst es (p. 671) bei Brehm von der Rackelhenne: „Auf dem zusammengelegten Flügel stehen zwei deutliche weisse Binden" (dies ist gesperrt gedruckt und soll daher als Hauptcharakter mit gelten), „von denen die erste vorn 8 und die zweite 5 Linien breit ist. Auf dem zusammengelegten Flügel (der Birkhenne) bemerkt man von der ersten weissen Binde Nichts und von der zweiten nur 2 Linien breiten wenig". Die Rackelhenne besitzt aber diese Bindenzeichnung gar nicht, bei Birkhennen kommt sie manchmal vor (es ist der Flügelspiegel und der Endsaum der Secundärschwingen, die Bezeichnung als Binden ist daher irreleitend), manchmal ist sie weniger deutlich ausgeprägt, manchmal scheint sie fast zu fehlen, manchmal kommen noch oberhalb des Flügelspiegels auf den Flügeldecken mehrere grosse weisse Fleckenreihen vor, welche auch als „Binden" bezeichnet werden könnten. Jene Bindenzeichnung ist dagegen ein constanter Charakter der hahnenfedrigen Birkhennen, wie auch die Abbildungen auf unseren Tafeln VI und VII ergeben. Es bedarf somit keines noch eingehenderen Beweises, dass weder Brehm noch Naumann die Rackelhenne gekannt haben. Vielleicht war das beschriebene Exemplar eine kräftige Birkhenne oder eine mit eben beginnender Hahnenfedrigkeit. Gloger, der jüngere Brehm, Altum, Wurm und eine Zahl anderer deutscher Autoren haben stets nur den älteren Brehm und Naumann bez. der Rackelhennen abgeschrieben, so dass in Folge dessen diese in Deutschland kaum gekannt ist.

Fries (Tidskrift för Jägare, Stockholm, I 1832 p. 54—57) bildete zuerst eine Rackelhenne nach v. Wright, wenn auch ungenügend, ab, und nennt die unterscheidenden Merkmale; er hält sie ohne hinreichende Gründe für steril und wundert sich, dass sie nicht hahnenfedrig wird, wie z. B. sterile Auerhennen.

Gloger (Vollst. Handbuch der Naturgesch. der Vögel Europa's I p. 515 1834) führte dieses in seiner Weise theoretisirend noch weiter aus.

v. Menzer (bei Malm: Göteborgs och Bohusläns Fauna 1877 p. 270) will ungefähr um das Jahr 1848 eine Rackelhenne bei ihrem eigenen Neste, welches zwei Eier enthielt, gefunden haben.

Nilsson (Skand. Fauna 3. Aufl. II p. 76 1858) beschrieb mehrere unter einander verschiedene Exemplare von Rackelhennen.

Sundevall (Svenska Fogl. 1866 p. 255) sagt, dass das Stockholmer Museum unter 64 Rackelhühnern nur 2 Hennen besitze; er beschreibt aber eine hahnenfedrige Rackelhenne als ältere Henne und meint, dass alle alten Rackelhennen das Hahnenkleid anlegen, da sie steril sind. Ich halte diese Ansicht zum mindesten für unbegründet.

Eine vortreffliche Abbildung der Schwänze der Auer-, Rackel- und Birkhenne von unten giebt Lloyd (Game birds 1867 p. 104).

Auch in Norwegen müssen Rackelhennen selten sein, denn Collett („Remarks" in Forh. Vid. Selsk. Christ. p. 236) kannte 1872 nur ein Exemplar.

Malm (Göteborgs Fauna 1877 p. 269) theilt mit, dass das Gothenburger Museum unter 19 Exemplaren 4 Hennen besitze, und dass diese im westlichen Schweden nicht so selten seien.

Henke („Der Waidmann" XI p. 36 1879) bildete die auf der folgenden Seite unter No. 1 beschriebene Rackelhenne im Holzschnitt ab.

Kronprinz Rudolf beobachtete in Böhmen Rackelhennen im Freien (Mitth. Orn. Ver. Wien 1883 p. 109).

Ich selbst beschrieb eine Rackelhenne, welche nahe Dresden erlegt worden war (Mitth. Orn. Ver. Wien 1884 p. 19), und bildete deren Skelet ab („Abbildungen von Vogelskeletten 1884 Taf. 51).

v. Krüdener (Jagd-Zeitung 1884 p. 297) erwähnt ohne Beschreibung eine Rackelhenne aus Ost Livland in der Sammlung des Grafen Mengden auf Mojahn in Livland; A. Wiebke (Journ. für Orn. 1885 p. 394) ebenfalls ohne Beschreibung eine in der eigenen Sammlung in Hamburg, und Bogdanow (Consp. av. imp. ross. 1884 p. 36) ohne Beschreibung 7 in den Petersburger Museen. Nach Mittheilung des Herrn Pleske vom Akademischen Museum in St. Petersburg sollen dort (1885) mehrere Formen von Rackelhennen vorhanden sein, und zwar bald mehr Auer-, bald mehr Birkhennen-ähnliche; wenn dieses wirklich der Fall ist, so wäre es recht wichtig, diese genau zu beschreiben. In manchen Sammlungen noch soll es Rackelhennen geben, allein ohne nähere Angaben lässt sich nicht über dieselben urtheilen, und, da die Brehm'sche Beschreibung bis dato für die einer Rackelhenne gegolten hat, so sind viele Bestimmungen nach derselben und nach der Naumann'schen Abbildung verkehrt ausgefallen.

Mir standen im Ganzen 5 Exemplare zur Verfügung, von denen 3 dem Dresdner Museum gehören, und von welchen ich 2 in circa $^2/_3$ natürlicher Grösse auf Tafel XIII abgebildet habe.

No. 1 (No. 9135 des Dresdner Museums) Archangel, durch Henke, der vordere Vogel Tafel XIII. Kopf und Hals gelbbraun mit breiten schwarzen Binden und gelblichweissen Spitzenflecken, unter dem Auge etwas brauner, an den Wangen und darunter spitze schwärzliche Fleckchen, Kehle ohne Binden, nur mit dunklen Spitzen, Fleckchen und hellen Säumen. Brustschild klein (circa 5 cm breit und 3 cm hoch), nicht scharf abgesetzt und nicht ganz ohne Zeichnung, hell zimmetbraun mit spärlichen schwarzen Strichen und Fleckchen (auf dem Bilde nicht gut zu sehen, da der Vogel etwas nach hinten gekehrt ist). Die verdeckte Basis der Federchen an Hals und Brust schwärzlichgrau, an ersteren schmal, an letzteren breiter auslaufend. Oberseite braunschwarz mit braungelben Querbinden und grauweisslichen Säumen, die subterminale braungelbe Querbinde durch dunkle Strichelung unterbrochen. Auf Bürzel und Schwanzdecken breite in Hellgrau übergehende Saumbinden mit schwarzer Sprenkelung, wodurch diese Theile eine grauere Färbung erhalten. Achselfleck weiss. Schulter- und Flügeldecken, besonders die grösseren, mit 8 bis 9 mm breiten weissen Enden; kleine Flügeldecken und Brustseiten zum Theil mit feiner schwarzer Strichelung. Primärschwingen fahlbraun, Aussenfahnen und Spitzensäume bräunlich weiss gefleckt, Schäfte gelblich braun; Secundärschwingen schwärzlich braun, theilweise mit breiter weisser verdeckter Basis (Spiegel) und weissen Säumen, letztere über 4 mm breit, die Aussenfahnen mit bräunlichgelber Zeichnung; die Tertiärschwingen wie die Flügeldecken. Unterseite der Flügel gelblich silbergrau. Untere Flügeldecken grauweiss und schwarz gefleckt, zum Theil mit etwas Gelb. Stoss braunschwarz, hell röthlich braun gefleckt und gebändert, an der Basis die Zeichnung heller, dichter, die Bänder der langen Stossdecken mehr gelblich; weisse Endsäume der Steuerfedern 5 mm breit, an den Seiten der einzelnen Federn bis zu 8 mm sich verbreiternd; eine subterminale in der Mitte bis zu 2 cm breite nicht zusammenhängende Binde; Stossunterseite matter, Innenfahnen ziemlich regelmässig gebändert (12—13 helle Binden deutlich sichtbar); Stossbasis ohne Weiss. Form des Stosses schwach ausgeschnitten, fast gerade. Unterseite des Körpers braungelb, mehr oder weniger intensiv, die Federn mit breiten weissen Endsäumen und braunen, mehr oder weniger regelmässig gestalteten Querbinden, deren äusserste bei vielen scharf keilförmig ausläuft. (Ich werde bei den Schnee- und Birkhuhn-Bastarden darauf zurückkommen.) Aftergegend schwärzlich mit schmutzigweissen Enden und Querbinden. Kleine untere Stossdecken weiss, grosse hellbraun mit Schwarz gebändert und mit breiten weissen Spitzen. Tarsenbefiederung fahlbräunlich mit heller Zeichnung. Schnabel und Füsse schwarzbraun.

No. 2. Ein Exemplar des Prager Museums, welches Prof. Fritsch so gütig war mir zur Ansicht zu senden, leider zu spät, um es noch abbilden zu können. Eine Abbildung dieses Exemplars wäre wichtig, da es bis jetzt das einzige ist, dessen Abstammung man kennt. Es wurde von Herrn v. Kralik in Adolf (Böhmen) im Jahre 1884 (nach mehreren vergeblichen Versuchen seit 1882) aus einem Birkhahne und einer Auerhenne gezüchtet (siehe v. Tschusi in Mitth. Orn. Ver.

Wien 1884 p. 172 und Student in „Waidmanns Heil" 1885 p. 91). Dieses hat daher den Namen zu führen: Tetrao tetrix urogallus. Es ähnelt am meisten der oben beschriebenen und abgebildeten Rackelhenne, weicht aber von derselben in folgenden Punkten ab:

Oberkopf, Oberhals, Kehle und Rücken durch grosse Fleckung ganz gleich, an letzterem ist das Braun etwas matter. Die weissen Spitzenflecke der Tertiärschwingen und der Schulterfedern scheinen kleiner gewesen zu sein (sie sind zum Theil abgerieben). Das Braun im Stoss und in den Stossdecken ist matter. Die Zeichnung der Secundärschwingen weissbräunlich und ganz weiss, bei obiger Henne bräunlicher; ebenso ist die Berieselung auf der Stossbasis etwas heller. Stossunterseite weniger dicht gebändert und die Bänderzahl geringer (10 bis 11 gegen 12 bis 13), auch die ganze Färbung schwärzlicher. Brustbinden etwas dunkler zimmetfarben (es scheinen aber viele Federn zu fehlen), und mehr von der schwarzen Querzeichnung bedeckt. Auch auf der ganzen Unterseite das Braun weniger lebhaft und die dunkle Zeichnung schwärzer, die weissen Federränder schmäler. Flügelspiegelflecken sehr schwach entwickelt, während sie bei den anderen Exemplaren mehr oder weniger ausgeprägt sind, besonders bei dem oben beschriebenen. (Schwingen und Schwanz abgestossen.)

Im Ganzen ist diese gezüchtete Henne scheinbar etwas kleiner und dunkler als die mir bekannten 4 anderen. Da auf die Grössendifferenz wohl Nichts zu geben ist, so kann man in der dunkleren Färbung das eventuell Unterscheidende sehen. Da aber der Vogel noch nicht ausgefärbt ist, so lassen sich aus diesem Unterschiede nicht Schlüsse ziehen auf eine mögliche anderweite Abstammung der anderen Rackelhennen. Zwei gleichzeitig gezüchtete Hennen sollen unter sich und von dieser in der Färbung ganz verschieden gewesen sein. (Student in „Waidmanns Heil" 1885 p. 94.) Das ist jedoch leider Alles, was über dieselben bekannt wurde, und es genügt nicht, um sich ein Urtheil zu bilden.

No. 3 (No. 7052 des Dresdner Museums) vom Gouvernement Wladimir in Russland. Der hintere Vogel Tafel XIII, ⅔ natürlicher Grösse. Ich beschränke mich darauf, die Unterschiede mit No. 1 hervorzuheben:

Das Gelbbraun ist stellenweise etwas matter, die weissgrauen Federränder der Oberseite sehr wenig ausgesprochen. Die weissen Spitzenflecke der Flügel und Schulterdecken keilförmig und sehr klein, die Enden der Tertiärschwingen nicht reinweiss sondern bräunlichweiss. Die dunkle Endbinde am Stoss viel schmäler, auch der weisse Endsaum des Stosses sehr schmal (2 mm). Die dunklen Spitzenflecke an den Kopf- und Halsseiten sehr fein, die schmalen schwarzen Halsbinden zum Theil nicht zusammenhängend. Braune Grundfarbe etwas heller, Brustschild fast ohne Zeichnung. Unterseite mit weniger Weiss. Stossunterseite etwas dunkler, die hellen Binden schmäler. Die unteren Flügeldecken mehr dunkel gebändert. Form des Stosses ziemlich gerade.

No. 4. Aus der Sammlung des Herrn Wolschke in Annaberg (Sachsen), welcher die Güte hatte, mir das Exemplar zu leihen. Vom Gouvernement Wologda in Russland. Ich beschränke mich ebenfalls darauf, die Unterschiede mit No. 1 hervorzuheben:

Gesammtfärbung etwas dunkler, aber die farbige Zeichnung röthlicher, die Bindenzeichnung regelmässiger. Die weissgraue Zeichnung oben fehlend, auf Bürzel und kleinen Stossdecken ins Gelbgraue spielend. Subterminale dunkle Stossbinde schärfer markirt (17—18 mm breit). Zeichnung am Halse etwas feiner. Stossunterseite mit weniger lebhaft braunen Querbinden.

An den Flügeldecken kleine weisse Keilspitzen. Die Enden der Tertiärschwingen gehen ins Gelbbraune, statt weiss zu sein. Stossform mit schwachem Ausschnitt.

No. 5 (No. 6134 des Dresdner Museums). Diese Henne wurde im December 1883 etwa 5 Stunden von Dresden bei Radeberg, im Röhrsdorfer Revier, erlegt, und es ist von mir ausführlicher über sie in den Mitth. Orn. Ver. Wien 1884 p. 19 gehandelt worden, worauf ich verweise. Sie strich allein, und es ist daher wahrscheinlich ein von anderswoher vertriebener oder verflogener Vogel, allein das Vorkommen bleibt dennoch auffallend, da der Auerwildbestand in dieser Gegend überhaupt ein geringer ist, und als diese Vögel Streifzüge sehr ungern unternehmen sollen.

Ich beschränke mich auf Hervorhebung folgender Unterschiede von No. 1:

Die braune Färbung geht etwas ins Röthliche. Die weissgrauen Federränder der Oberseite wenig schmäler und spärlicher. Die grossen Schulterdecken auf den Aussenfahnen und die Tertiärschwingen auf den Innenfahnen mit vorherrschendem Hellbraun, fast einen unzusammenhängenden, sich vom übrigen Rücken absetzenden Längsstreif bildend. Kopfseiten fast, Vorderhals und Brustschild ganz ohne schwärzliche Zeichnung. Am Halse einige mattweisse Spitzenflecke. Primärschwingen grauschwarz, die Aussenfahnen mehr gefleckt. Stoss im Ganzen dunkler und ohne auffallende Subterminalbinde, weisser Endsaum nur 2.5 mm breit. Stossunterseite mehr ins Schwärzliche, die rothbraune Bindenzeichnung nach den Enden zu schmäler und regelmässiger. Stossform schwach abgerundet.

Maasse:

Bezeichnung des Vogels . .	Auerhennen	Rackelhennen					Birkhennen
Laufende Nummer		1	2	3	4	5	
No. des Dresdner Museums oder Eigenthümer .		9135	Mus. Prag	7052	Wolschke	6134	
Fundort . .		Archangel	Böhmen	Russland	Russland	Sachsen**	
Abbildung	Tafel I	Tafel XIII	—	Tafel XIII	—	—	Tafel IV
Schnabel vom culmen in gerader Linie .	3.7–3.9	3.3	3	3.4	3.4	—	2.5–2.7
Oberschnabellänge vor der Befiederung .	1.7–2.05	1.45	1.4	1.55	1.55	1.5	1.3–1.4
Oberschnabelbreite vor der Befiederung .	1.3–1.5	1.1	1.1	1.2	1.1	—	1–1.05
Oberschnabelhöhe vor der Befiederung .	1.5–1.6	0.8	0.75	0.75	0.75	—	1.15–1.25
Flügellänge . . .	30–31	26	(24)	24.5	26	c. 25	23.5–24.3
Aeusserste Stossfedern .	16–18.5	14.5	14	14	14	14.8	13–13.7
Vorletzte Stossfedern .	17–19.1	14.8	14.5	14.4	14.4*	—	13.2–14.1
Mittelste Stossfedern .	18–20	13.2	13	13.2	13.3	13.8	9.7–10
Zahl der Stossfedern .	18	18	defect	18	18	18	18
Tarsen . . .	6.5–7	4.5	4.6	4.6	4.8	—	4.7–5
Mittelzehe ohne Nagel .	4.5–5.1	3.8	4.1	4	4	—	3.25–4
Nagel .	1.2–1.5	1.2	0.9	1.2	1.3	—	1.2–1.3

* Die dritt- und viertletzten als längste.

** Da das Skelett zugleich mit dem Balge präparirt wurde, so lassen sich die nicht ausgefüllten Maasse nicht mit der nothwendigen Genauigkeit nehmen.

Die Mittelstellung der Rackelhenne zwischen Auer- und Birkhenne erhellt aus obigen Zahlen zur Genüge.

Vergleichung der Auer-, Rackel- und Birkhenne.

Auerhenne.	Rackelhenne.	Birkhenne.
1) Gross.	Mittel.	Klein.
2) Mit grossem Brustschild.	Mit kleinem Brustschild.	Ohne Brustschild.
3) Stoss abgerundet.	Stoss ziemlich gerade.	Stoss ausgeschnitten.
4) Ohne weissen Flügelspiegel.	Mit mehr oder weniger grossen weissen Spiegelflecken im Flügel.	Mit grossem, regelmässigen, weissen Flügelspiegel.
5) Stossfarbe von der Rückenfarbe auffallend verschieden.	Stossfarbe von der Rückenfarbe weniger verschieden.	Stossfarbe mit der Rückenfarbe ziemlich übereinstimmend.
6) Untere Stossdecken lassen den Stoss 6—7 cm unbedeckt.	Untere Stossdecken lassen den Stoss 2.2—2.5 cm unbedeckt.	Untere Stossdecken überragen den Stoss um 1.5 bis 2 cm.

Die Unterschiede in der Zeichnung und Färbung sind nicht so in die Augen springend, wenn auch vorhanden, und sie variiren auch derart, dass, wenn obige 6 Charaktere nicht leiten, andere noch weniger entscheidend wären.

Dunenjunge des Rackelwildes.

Auf Tafel XIII sind rechts unten 2 Dunenjunge mit bereits hervorspriessenden Flügelfedern in natürlicher Grösse dargestellt. (Die Unterschrift der Tafel sollte richtiger heissen „Rackelhennen und Dunenjunge", statt „mit Dunenjungen", da die Jungen nicht von den abgebildeten Hennen ausgebrütet sind.) Als Vorlage diente eine Abbildung, welche Herr v. Kralik seiner Zeit nach dem Leben anfertigen liess, und welche ich der Güte des Herrn v. Tschusi verdanke. Dem Ersteren gelang im Jahre 1884, wie bereits oben bemerkt, eine Zucht aus einem Birkhahne mit einer Auerhenne, bis jetzt die einzige bekannt gewordene, über welche kurz in den Mittheilungen des Ornithologischen Vereins in Wien (1884 p. 172 von v. Tschusi) und etwas ausführlicher im „Waidmanns Heil" (1885 p. 91 von Student) berichtet ist; an ersterem Orte findet sich auch die Abbildung eines Dunenjungen, welche die gleiche, leider ungenügende Vorlage hatte, wie meine Abbildung. Dieses Junge ist 4 Tage alt und soll der dunklen Färbung wegen ein Hahn sein. 7 Eier hatten einer Haushenne untergelegen, 5 davon ergaben Junge, 2 sollen „unbefruchtet" gewesen sein. „Die eben ausgekrochenen Jungen sind bedeutend grösser als die des Birkwildes, nur wenig schwächer als Auerhühner desselben Alters und in der Färbung mehr ersteren ähnlich, doch in der Zeichnung individuell variirend" (v. Tschusi). „Sie waren grösser als Birkwild, glichen auch in Färbung, den Kopf ausgenommen, mehr dem Auerwild, hatten jedoch das träge Wesen des Auerwildes nicht, sondern waren behende wie Birkwild. Trotzdem die Verfärbung bei derartigem Federwild immer gefährlich ist, ging dieselbe ganz gut von Statten" (Student). Letzteres ist leider das Einzige, was, meines Wissens, über die weitere Entwicklung bis zu den ausgefärbten Vögeln bekannt gemacht worden ist. Ueber letztere heisst es nur noch l. c.: „Heute (Februar 1885) sind in der Volière zwei prächtig ausgefärbte Rackelhähne und drei Hennen zu finden. Bemerkenswerth ist noch, dass beide Hähne von gleicher Grösse und Färbung, die Hennen aber in der

Färbung ganz verschieden sind: Kropf und Stoss haben sie mit der Auerhenne gemein, während der übrige Körper der Birkhenne gleicht und an Stärke dieselbe um ein Drittel übertrifft." Gewiss keine ganz genügende Beschreibung dieser seltenen Vögel. Es heisst dort weiter: „Am 20. Februar 1885 wurden, um weitere Versuche zu machen, von Herrn v. Kralik sämmtliche Volièren auf folgende Art bevölkert: Ein Auerhahn mit einer Birkhenne; ein Auerhahn mit einer Rackelhenne; ein Rackelhahn mit einer Auerhenne; ein Rackelhahn mit einer Rackelhenne und ein Birkhahn mit einer Auerhenne. Jedes Paar hat seine eigene Volière." Allein dieser wichtige Zuchtversuch scheint ganz missglückt zu sein, denn Herr v. Kralik theilte mir im December 1885 mit, dass jene 5 Vögel „alle wieder, bis auf eine einzige Henne, gerade als sie vollkommen ausgewachsen waren, durch verschiedene Krankheiten und Unfälle zu Grunde gegangen seien"; je ein Hahn befindet sich ausgestopft im Frauenburger Museum und im Besitze eines fürstlich Schwarzenberg'schen Forstmeisters, dieselben sollen ganz genau mit den auf meiner Tafel IX abgebildeten übereinstimmen. Von der überlebenden Henne habe ich weiter Nichts erfahren, als dass sie im Februar 1886 noch existirte; heute lebt sie nicht mehr, es ist vielleicht die oben beschriebene des Prager Museums. Der Verbleib von eventuell zwei Hennen aus jener Zucht wäre also noch zu eruiren; es ist dieses nicht unwichtig, da die genannten 5 Rackelwild-Exemplare bis auf Weiteres die einzigen sicherer Abstammung sind. Wie ich neuerdings von Herrn v. Kralik erfahre, beabsichtigt derselbe seine so verdienstvollen Zuchtversuche wieder aufzunehmen und wäre er sehr dankbar, wenn man ihm lebendes Auer- und Birkwild zur Verfügung stellen würde. (Ueber die Mauser der Rackelhähne findet man bei Nilsson: Skand. Fauna II p. 75 1858 einige Bemerkungen.)

Allgemeineres über das Rackelwild.

Nachdem ich im Vorstehenden alle mir durch Autopsie bekannt gewordenen Exemplare von Rackelwild mehr oder weniger ausführlich beschrieben habe, werde ich, ehe ich an die vergleichende Betrachtung derselben gehe, kurz das Wissenswertheste aus der Literatur mittheilen, ohne aber diese, als zu weit führend, erschöpfend behandeln zu wollen. Da ein Streit darüber, ob das Rackelwild eine eigene Art sei, oder der Bastardirung zwischen Auer- und Birkwild sein Dasein verdanke, heute nicht mehr geführt zu werden braucht, weil die Frage im letzteren Sinne durch Zuchtversuche in der Gefangenschaft entschieden ist, so werde ich auf diese früher eingehend gepflegten Discussionen nicht zurückkommen. Eine andere Frage ist die, ob sich nicht mit der Zeit auch ohne Zuthun des Menschen oder durch künstliche Isolirung eine eigene Art aus dem Rackelwilde entwickeln könne, und auf diese Frage werde ich unten kurz eintreten. Für jetzt verstehe ich unter „Rackelwild" alle Producte aus Kreuzungen von Auer- und Birkwild und die Kreuzungen dieser Bastarde mit den Stammarten, sowie alle weiteren Abkömmlinge aus diesen Vermischungen, kurzum Alles, was nicht als Auer- oder Birkwild anzusehen ist, sondern zwischen beiden steht. Wollte man nur dasjenige Rackelwild nennen, was bisher ziemlich allgemein, aber fälschlich, wie wir sehen werden, Tetrao medius genannt wurde, so müsste man für alle abweichenden Formen — und es sind ihrer bereits, wie die obigen Beschreibungen zeigen, ziemlich viele — andere Namen erfinden, womit jedoch Niemandem gedient sein würde. Im Folgenden ist unter „Rackelhuhn" stets, wenn nicht etwas anderes bemerkt wird, der gewöhnliche, d. h. der Rackelhahn mit Birkhahntypus A = Tetrao medius auct. gemeint.

Bereits Linné kannte den Rackelhahn und nannte ihn im Jahre 1748 (Syst. nat. ed. VI p. 28) Grygallus; in seiner Fauna suecica, 1761 (p. 72 unter No. 201), aber taufte er ihn Tetrao hybridus, weil er an seiner Bastardnatur gar nicht zweifelte. Ein Jahr vorher hatte Brisson (Ornithol. I p. 191) die Bezeichnung Urogallus minor punctatus eingeführt. Linné fügte seiner Beschreibung (l. c.) hinzu: „Ipse hanc vidi. Species hybrida a praecedenti et sequenti specie" (i. e. Auer- und Birkwild). Diese Meinung ist bereits von Rutenschiöld im Jahre 1744 vertreten worden (Kgl. Svenska Vetenskaps-Akademien Handl. p. 181—183), welcher die ganz richtige Auffassung hatte, „dass der Vater dieses Bastards der Birkhahn, die Mutter die Auerhenne sei." Hiermit wurde eine Sache der Wissenschaft bekannt, welche den Jägern gewiss schon seit uralten Zeiten geläufig gewesen ist.

Aber schon bei Bechstein (Gemeinnützige Naturgeschichte III p. 1335 1807), wenn nicht früher, tauchen ganz ungerechtfertigte Zweifel auf, und Langsdorff (Mémoires de l'académie impérial des sciences de St. Pétersbourg III p. 286 1811) beschrieb den Rackelhahn zuerst als neue und eigene Art unter dem Namen Tetrao intermedius, er bildete ihn auch l. c. Tab. XIV ab; die daneben stehende Henne ist eine Birk- und keine Rackelhenne, wie schon Nilsson (Skand. Fauna II p. 74 1858) erkannte. In demselben Jahre nun benannte Meyer (Hofrath Dr. Bernhard Meyer in Offenbach † 1840), trotzdem er Langsdorff citirt, den Rackelhahn als Art: Tetrao medius („Der Gesellschaft Naturforschender Freunde zu Berlin Magazin für die neuesten Entdeckungen in der gesammten Naturkunde" 5. Jahrgang 1811 p. 337), und diesen Namen haben die meisten Autoren bis jetzt gebraucht; allein wenn man schon den Linné'schen oder Brisson'schen Namen nicht gelten lassen wollte, so hätte jedenfalls der Langsdorff'sche die Priorität verdient. (Bei Meyer findet man die ältere Literatur noch ausführlicher.)

Nilsson (Ornithologia suecica I p. 302 1817) kehrte zu der richtigen Auffassung, welche die Schweden übrigens nie ganz verlassen haben, zurück und nannte den Rackelhahn: Hybridus a Tetrice patre et Urogallina matre, allein es dauerte noch lange, bis sich diese Wahrheit allmählich auch anderswo Bahn brach. Die Geschichte der Wissenschaften lehrt, dass es oft schwerer hält einen Irrthum wieder auszumerzen, als eine neue Wahrheit zu entdecken. Nilsson bemerkt: „Inter plurima quae vidi Specimina, vix duo perfecte sibi similia inveni", einen Satz, welchen er mit Recht später nicht mehr vertreten hat (s. unten).

Der ältere Brehm (Beiträge zur Vögelkunde II p. 632—649 1822) beschrieb, wie wir oben p. 57 gesehen haben, eine Birkhenne als Rackelhenne und vertrat wieder mit Entschiedenheit die Artberechtigung des Rackelwildes, welches er nach Meyer „Mittleres Waldhuhn" nannte.

Herkepä (bei Lloyd: Game birds 1867 p. 105 Anm., nach Nilsson: Skand. Fauna II p. 84 1858) beobachtete bereits im Jahre 1828 in freier Natur in Finnland die Paarung zwischen Birkhahn und Auerhenne, womit allein der Beweis, dass hieraus der Rackelhahn entspringe, allerdings noch nicht gegeben war. Die Beobachtung ist so interessant, dass ich es mir nicht versagen kann, sie hier nach der englischen Uebersetzung bei Lloyd zu citiren: „One morning, in the year 1828, I was at an Orre-Lek (d. h. ein Balzplatz der Birkhühner) in the parish of Lampis, in Finland, and had already shot two Black Cocks (d. s. Birkhähne) when a Capercali hen (d. i. eine Auerhenne) alighted on the ground about ninety paces from my screen. She was immediately surrounded by the cocks, who, to my great surprise, one after the other regularly paired with her, while the other cocks, six to seven in number — although there were several hens present — engaged in a general battle amongst themselves. As it was then full daylight, and the Capercali hen a considerable distance from me, I did not care to disturb the Lek by firing at her, and had therefore ample opportunity of convincing myself of her identity. And it was little likely I could be mistaken, as the Capercali hen has not only a longer neck than the Grey-Hen (d. i. Birkhenne), but is much larger than even the Black-Cock himself. Two mornings subsequently, and at the same Lek a Capercali hen — probably the one seen by myself — together with a Black-Cock that was perched on her back, seemingly in the act of pairing, were killed by a peasant at one and the same shot. The Capercali hen weighed six pounds and a half; the Black Cock three pounds."

1832 bildete Nilsson den Rackelhahn unter dem Namen Tetrao hybridus urogalloides (1828) ab (Illuminerade figurer till Skandinaviens Fauna I pl. 4), in demselben Jahre v. Wright (Tidskrift for Jägare och Naturforskare utgifven af Jägare-Forbundet I 1832 p. 54—57, Text von Fries) zum ersten Male die Henne. Beschrieben hatte Nilsson die Henne schon früher in seiner „Skandinavisk Fauna".

Naumann (Naturgeschichte der Vögel Deutschlands VI p. 304—323 1833), schloss sich Nilsson's Meinung rückhaltlos an, beschrieb aber auch die Brehm'sche soi-disant Rackelhenne als solche. Er nennt den Bastard: Tetrao medius, Mittel-Waldhuhn.

Gloger (Vollständiges Handbuch der Naturgeschichte der Vögel Europa's I p. 512 1834) spricht unter der Ueberschrift: „Der Bastard des Auerhuhnes mit dem Birkhuhne, Tetrao hybridus ex urogallo et tetrice" davon, dass man in Skandinavien überall 2 Varietäten unterscheide, „indem bei manchen (männlichen) entschieden mehr Aehnlichkeit mit dem Birkhahne, bei anderen wieder eine grössere Annäherung an den Auerhahn hervortritt, je nachdem der Vater dieser oder jener Art angehörte... Die Männchen fallen zuweilen nur wenig grösser als Birkhähne, oft so gross wie junge Auerhähne aus". Er meint, der Bastard aus Birkhahn mit Auerhenne sei in Skandinavien der seltenere, was geradezu verkehrt ist, wie denn überhaupt aus seiner Darstellung hervorgeht, dass er die verschiedenen Formen selbst gar nicht kannte, er würde sie sonst beschrieben haben, was er nicht that. Er beschreibt p. 513 nur den gewöhnlichen Rackelhahn und noch etwas birkhahnähnlichere als diesen, welche aber auch nichts Anderes zu sein scheinen. Hätte er Rackelhähne gekannt, wie die auf Tafel XI und XII dieses Werkes abgebildeten, so wäre er nicht kurz über sie hinweggegangen. Er erzählt ferner (p. 515), „dass Birkhennen unter ihren Gehecken bald einen, bald zwei oder mehrere junge Rackelhähne aufziehen", allein wenn solche Angaben wissenschaftlich verwerthet werden sollen, so müssen die genauen Daten (Ort, Beobachter etc.) und Beweise beigebracht werden. Ebenso fehlen in desselben Autor's Aufsätzen im Journal für Ornithologie 1854 (p. 133, 136 und 408) alle positiven Nachweise von zweierlei („gewöhnlicheren" und „selteneren") Bastarden, und er förderte die Frage mit seinen Raisonnements, welche ein Zuchtversuch über den Haufen werfen konnte, nicht, ist vielmehr ein schlagendes Beispiel dafür, dass man auf diesem Gebiete mit Theoretisiren wenig erreicht; hier führen Beobachtung und Versuch in erster Linie das Wort, und dann Induction, nicht Deduction!

Ich vertraue Gloger's so allgemein gehaltenen Bemerkungen über verschiedene Rackelhahnformen um so weniger, als er sich besonders auf Skandinavien beruft, und dort, Nilsson's ausführlicher Schilderung nach zu urtheilen (Skandinavisk Fauna 3. Aufl. II p. 73—87 1858), Derartiges gar nicht bekannt ist. Nilsson änderte den von ihm dem Rackelwild gegebenen Namen nochmals ab in Tetrao urogallides (bereits im Jahre 1835), und theilt, wie man gewiss annehmen darf, Alles ihm Bekannte und Wissenswerthe in dem sehr sachlichen Capitel über den Bastard zwischen Birkhahn und Auerhenne mit, er citirt selbst Gloger, aber spricht nur von dem gewöhnlichen Rackelhahne ohne irgend eine Bemerkung über dessen Varietäten. Er kennt diese also nicht und einen besseren Kenner der skandinavischen Ornis als Nilsson dürfte es nicht gegeben haben. Nilsson hat sogar seine frühere Angabe (vom Jahre 1817 s. oben), dass kaum 2 Rackelhähne sich vollkommen gleichen, später mit Recht nicht wiederholt.

Allerdings ist es nicht unbekannt, auf wen Gloger sich mit seinen allgemeinen Angaben stützte, wenn er diese seine Autoritäten auch nicht nennt; es sind vor Allen Falk (Jägare Förbundet Tidskrift 1834 p. 797) und Grill, deren Ansichten man bei Lloyd (The game birds and wild fowl of Sweden and Norway 1867 p. 104—109) ausführlich wiedergegeben findet. Prüft man das Betreffende aber genau, so ergiebt sich nur der missglückte Beweis, dass der Auerhahn der Vater des gewöhnlichen Rackelhahns sei — missglückt, da wir ja nun durch den wichtigen v. Kralik'schen Zuchtversuch eines Besseren belehrt sind — und ferner, dass jene Beobachter die verschiedenen Rackelhahnformen, welche uns jetzt vorliegen, nicht vor Augen gehabt haben können. Nilsson hat daher auch ihre Angaben als verwirrende und irrthümliche später ignorirt (so soll nach Nilsson Falk hahnenfedrige Auerhennen für Rackelhähne angesehen haben!), und auf die Gloger'sche Reproduction derselben ist nicht das mindeste Gewicht zu legen. Lloyd scheint die Kreuzung von Auerhahn und Birkhenne nicht (l. c. p. 106) zu bezweifeln.

Im Jahre 1866 proponirte Sundevall (Svenska Foglarna p. 254) den Namen Tetrao urogallo-tetricides und bemerkte (p. 255) u. A., dass das Museum zu Stockholm von 1839 bis 1866 59 Rackelhühner erhalten habe (5 waren schon vorher vorhanden); er fügt hinzu, dass alle Rackelhähne deutlich einer einzigen Art angehörten und dass man mit Sicherheit angeben könne, dass es nur eine Art gäbe, da alle von demselben Geschlechte und in demselben Kleide einander gleich seien. Er kannte also auch nur die gewöhnlichen Rackelhähne.

1872 benannte Collett (Forhandl. Vidensk. Selsk. Christiania: „Remarks on the Ornithology of Northern Norway" p. 236) das Rackelwild aus dem Birkhahn mit der Auerhenne: Tetrao urogallo-tetricides, und behauptet auch (p. 239) wie Sundevall, dass alle Rackelhähne einander gleich seien; er kannte also auch nur die gewöhnlichen.

Dresser (Birds of Europe vol. VII 1873 pl. 489 Fig. 1) bildete den gewöhnlichen Rackelhahn gut ab und nannte ihn Tetrao urogallus hybridus.

Malm (Göteborgs och Bohusläns Fauna 1877 p. 269) theilte mit, dass das Museum in Gothenburg seit 1847 19 Rackelhühner erhalten habe.

Harvie-Brown (The Capercaillie in Scotland 1879 p. 115) giebt eine Reihe von Beispielen davon, wie in Schottland nach der Wiedereinführung des Auerwildes auch Rackelwild erschien; in den meisten Fällen ist es die Auerhenne, welche dem Auerhahn voraufgeht und daher Anlass giebt zur Entstehung des Rackelwildes (p. 111).

Henke (Der Waidmann XI. Band 1879 p. 35) nennt das Rackelhuhn Tetrao uro-tetrix und meint, „dass die schöne violette Farbe des Rackelhahnes aus einer directen Vermischung der stahlblau schillernden Farbe des Birkhahns mit der röthlich schillernden Zimmetfarbe auf der Brust der Auerhenne entstehe"; bei einer Rackelhenne sah Henke am Eierstock ein erbsengrosses Ei.

Borggreve sieht (nach Wurm: „Zoologischer Garten" 1880 p. 153) das Rackelhuhn als selbständige Art an, weil es sich in den kgl. Oberförstereien Kupp und Grudschütz des Regierungsbezirks Oppeln als solche constant fortpflanze. Mir ist hierüber nichts Näheres bekannt geworden. (Rohr: Das Birkwild 1885 p. 17 berichtet dasselbe auf Quistorp's Autorität hin, mit dem Bemerken, dass 10 Meilen im Umkreise weder Auer- noch Birkwild vorkomme.) Wurm bezweifelt die Kreuzung von Auerhahn und Birkhenne nicht (l. c. p. 176) und spricht von Rackelhähnen mit einem Brustschild, welches bis Blau und Grün variirt; er bezeichnet solche Exemplare aber nicht näher. (Man vergleiche auch dieses Autors Capitel: „Das Rackelhuhn" in seinem Buch: Das Auerwild 1885 p. 184—195.)

Der Erste, welcher, meines Wissens, vom gewöhnlichen Rackelhahn bedeutend abweichende entdeckte, in ihrer Bedeutung erkannte und genau beschrieb, war Kronprinz Rudolf (Jagd-Zeitung 1883 p. 225 und Mittheilungen des Ornithologischen Vereins in Wien 1883 p. 105—109), nachdem Derselbe bereits im Jahre 1880 (Mitth. Orn. Ver. Wien 1880 p. 41) die Aufmerksamkeit speciell neuerdings auf das Rackelwild gelenkt und zu allseitiger Beobachtung behufs Lösung einer Reihe noch schwebender Fragen aufgefordert hatte: „Es müsse vor Allem getrachtet werden zu constatiren:

„1) Ob Rackelhahn und Rackelhenne die Eltern der jetzt angetroffenen Rackelwildketten sind, und ob es nicht eine Auer- oder Birkhenne ist, welche die als Rackelwild angesprochenen Jungen führt.

„2) Ob nicht Rackelhahn und Birkhenne jetzt noch ausschliesslich die Eltern des Rackelhuhnes sind, und ob nicht die echte Rackelhenne unfruchtbar bleibt.

„3) Ob nicht der Auerhahn auch Rackelhennen, vice versa der Rackel- Auerhennen oder der Birkhahn Rackelhennen tritt".

Alle diese zur Beurtheilung der verschiedenen Rackelwildformen wichtigen Fragen sind auch heute noch unbeantwortet und müssen es, fürchte ich, so lange bleiben, bis ausgiebige Zuchtversuche angestellt werden, ähnlich denen, mit welchen Herr v. Kralik dankenswertherweise begonnen hat, und welche derselbe nunmehr weiterzuführen gedenkt. Thiergärten wären am Besten geeignet, diese interessante Aufgabe in die Hand zu nehmen.

Auf einer Jagd beim Fürsten Camillo Rohan auf dem Reviere Zehrow bei Sichrow in Nord Böhmen i. J. 1883 sah Kronprinz Rudolf einen Rackelhahn neben zwei Rackelhennen. Es war der Rackelhahn, welcher Tafel XI abgebildet ist. In demselben Revier hielten sich zu gleicher Zeit 5 Rackelhähne auf, während dort sonst nur Birkwild vorkommt und Auerhahn-Balzplätze mehrere Stunden weit entfernt sind; vor mehreren Jahren soll eine Auerhenne daselbst erschienen sein (Jagd-Zeitung 1883 p. 226 und Mitth. Orn. Ver. 1883 p. 105 und 108). Ganz neuerlich wurde in der Jagd-Zeitung (1887 p. 342) bekannt gemacht, dass seit 1880 auf diesem Reviere 9 Rackelhähne erbeutet worden seien, und zwar, wie Prinz Alain Rohan die Güte hatte mir mitzutheilen, in den Jahren 1883 und 1887 je 2, 1882 keiner und in den übrigen 5 Jahren je einer, von denen 7 in Sichrow aufbewahrt werden. Wenn es ermöglicht werden könnte, diese 9 Hähne nebeneinander zu vergleichen, so würde, glaube ich, ein guter Einblick in die Abstammungsgeschichte derselben zu gewinnen sein. Ich kenne bis jetzt nur 2 derselben: Die Tafel X und XI abgebildeten, auf welche Kronprinz Rudolf zwei neue Formen oder Typen gründete, und zwar die Rackelhähne mit Auerhahntypus A und B, unentschieden lassend, „ob sie entstanden seien aus einer Vermischung

9*

zwischen dem gewöhnlichen Rackelhahn mit einer Auerhenne oder mit einer Rackelhenne, welche letztere Vermischung eigen geartete Rückschläge zum Urogallus-Typus zur Folge haben könnte". Ich habe der Auffassung, dass es Rackelhähne mit Birkhahntypus und solche mit Auerhahntypus gebe, bereits in meinen obigen Beschreibungen Ausdruck verliehen und dieselbe, weil ich sie für praktisch halte, an den mir bekannt gewordenen Exemplaren durchzuführen gesucht.

Bogdanow (Conspectus avium imperii rossici 1884 p. 36) sieht das Rackelwild für fruchtbar an, unterlässt aber die Beschreibung von den ihm vorliegenden 7 Hähnen und 7 Hennen der St. Petersburger Museen, weil er deren Abstammung nicht kennt.

Sterger (Jagd-Zeitung 1884 p. 363) unterscheidet zuerst (theoretisch) Kreuzungen a) zwischen Spielhahn und Auerhenne, b) zwischen Auerhahn und Spielhenne und c) zwischen Rackelhühnern untereinander, und bei diesen wieder zwischen Hahn und Henne der Art ad a und Hahn und Henne der Art ad b, dann zwischen einem Hahn der Art ad a und einer Henne der Art ad b und umgekehrt. Er hat auch einen zweijährigen im Hause aufgezogenen Auerhahn eine ebenfalls im Hause aufgezogene ein Jahr alte Spielhenne treten sehen; es wäre dieses der einzige bis jetzt notorisch beobachtete und publicirte derartige Fall. Die Henne legte auch Eier, welche aber zu Grunde gingen. Sterger will auch einen Rackelhahn gesehen haben, dessen Vater der Auerhahn gewesen sei, aber er unterlässt dessen Beschreibung, wodurch das Object sich der kritischen Beurtheilung entzieht.

Herr Pleske vom Akad. Museum in St. Petersburg hatte die Güte, mir im Jahre 1885 zu schreiben, dass dort nur eine Form des „Tetrao medius"-Hahnes sei, aber mehrere Formen der Henne, wie bereits oben Seite 58 erwähnt.

Abbildungen sehr verschiedener Güte, ausser den citirten, findet man u. a. noch bei Sparrmann (Mus. Carls. III t. 15), Klein (Stemmata avium t. XXVIII Fig. 1a), Leisler (Nachträge zu Bechstein's Naturgeschichte 2. Heft Tafel 2), Sundevall (Svenska Foglarna pl. XXXIV Fig. 1 und 2), Fritsch (Vögel Europa's Tafel 31 Fig. 5 und 6), Lloyd (Game birds zu p. 101) und Brehm (Thierleben 2. Aufl. III p. 48), die meisten derselben sind aber wenig brauchbar.

Wie aus Obigem ersichtlich, hat das Rackelwild schon viele Artnamen erhalten:

1760 Urogallus minor punctatus Brisson.
1761 Tetrao hybridus Linné.
1811 „ intermedius Langsdorff.
1811 „ medius B. Meyer.
1817 „ hybridus a Tetrice patre et Urogallina matre Nilsson.
1828 „ urogalloides Nilsson.
1834 „ hybridus ex urogallo et tetrice Gloger.
1835 „ urogallides Nilsson.
1866 „ urogallo-tetricides Sundevall.
1872 „ urogallo-tetrix Collett.
1873 „ urogallus hybridus Dresser.
1879 „ uro-tetrix Henke.

Man wird es kaum als ein Bedürfniss bezeichnen können, dass diesen 12 Namen noch ein 13. hinzugesellt werde; wenn ich dieses dennoch thue, so geschieht es, weil keiner der obigen, meiner Ansicht nach, den Anforderungen vollständig genügt, welche man im Interesse der Unzweideutigkeit zu stellen berechtigt wäre. Bei Bastarden ist es praktisch, im Namen schon die Abkunft derart zu bezeichnen, dass sowohl der Vater- als auch der Muttername darin vorkommt, und zwar in thunlichster Kürze. Dieses Princip hatten auch Sundevall, Collett und Henke im Auge, allein sie stellten den Mutternamen voran, während ich es aus anderen Gründen für angezeigter halte, den Vaternamen voranzustellen. Ich nenne daher den Bastard aus Birkhahn mit Auerhenne einfach: Tetrao tetrix urogallus, allein ich nenne nur diesen so, ich würde den Bastard aus Auerhahn mit Birkhenne, wenn ein solcher nachgewiesen sein würde, Tetrao urogallus tetrix nennen, oder mit Henke noch kürzer: Tetrao uro-tetrix. Würde Tetrao tetrix urogallus unter sich fruchtbar sein, so müssten dessen Abkömmlinge einen besonderen und einfachen Namen erhalten; es läge nahe, dafür einen der obigen, wie hybridus, intermedius, medius etc. zu wählen, allein dieses würde nur Verwirrung hervorrufen. Ich unterlasse es aber, einen Namen für diesen Fall zu creiren, da ich erst den Beweis dafür abwarten möchte, dass Tetrao tetrix urogallus wirklich unter sich fruchtbar ist, für so möglich ich dieses auch halte. Ebenso würden die Abkommen von Tetrao urogallus tetrix, wenn es solche giebt, einen eigenen einfachen Namen erfordern. Bastarde 2. Grades z. B. zwischen Tetrao tetrix urogallus und Auerhenne oder Birkhenne wären auf diese Weise schwieriger zu benennen, weil dann 3 ziemlich gleichlautende Namen zusammen kämen; in diesem Falle müsste man für ersteren Namen den zu creirenden einfachen substituiren. Solche Bastarde (oder andere) existiren zweifellos, wie wir gleich sehen werden, allein mit absoluter Sicherheit kann man dieses doch erst behaupten, wenn der Zuchtversuch gelungen sein wird, und so lange möchte die Regelung der Namenfrage aufzuschieben sein.

Wenn ich jetzt zu einer kurzen Betrachtung der Bastardirungsfrage zwischen Auer- und Birkwild im Allgemeinen und zu dem Versuch einer Erklärung der oben beschriebenen seltenen Formen von Rackelhähnen übergehe, so muss ich vorausschicken, dass dieses Capitel nur ein untergeordneteres meines Werkes zu bilden beansprucht; es kam mir nicht darauf an, alle hier in Frage stehenden Möglichkeiten durchzusprechen oder Hypothesen und Theorien aufzustellen, als vielmehr die noch wenig bekannten oder so gut wie ganz unbekannten seltenen Kleider des Rackelwildes genau — soweit dieses im Bereich der verwendbaren Technik lag — abzubilden und zu beschreiben, um dadurch zu weiteren Forschungen auf diesem Gebiet anzuregen. Ich möchte behaupten, dass das Rackelwild, trotzdem es bei uns zu Hause ist, zu den unbekanntesten Thieren Europa's gehört. Wenn Jemand meinen sollte, dass dasselbe seiner Bastardnatur wegen kein besonderes Interesse in Anspruch nehmen könne, so muss betont werden, dass solche Bastardirungen in freier Natur, d. h. unter natürlichen Verhältnissen, relativ sehr selten überhaupt aus dem Thierreiche bekannt und genau untersucht sind, und dass sie daher als eine Ausnahme von einem scheinbar allgemein gültigen Gesetze besonders eifrig studirt werden müssen. Der jüngere Herschel sagt in seiner Schrift: „Preliminary Discourse on the Study of Natural Philosophy" § 127: „Der vollkommene Beobachter wird in allen Theilen des Wissens seine Augen so zu sagen offen halten, damit sie sofort von jedem Ereigniss getroffen werden können, welches sich nach den angenommenen Theorien nicht ereignen sollte, denn solche Thatsachen sind es, welche als Leitfaden zu neuen Entdeckungen dienen." Und so glaube ich auch, dass diese ausnahmsweise, aber seit langer Zeit immer wiederkehrende Bastardirung zwischen Auer- und Birkwild deshalb ein besonderes Interesse in Anspruch zu nehmen hat, weil das Verständniss derselben uns vielleicht zur Erkenntniss neuer Gesetze über die Entstehung von Arten führt.

Auf diese weitreichende und schwierige Frage will ich hier aber nicht eingehen, ich will nur kurz die Möglichkeit berühren, dass, wenn das gewöhnliche Rackelwild, Tetrao tetrix urogallus, unter sich fruchtbar ist, hier eine neue Art entstanden sein würde. Da Auer- und Birkwild jetzt spärlicher ist als vor Zeiten, so hätte das Rackelwild jetzt mehr Chancen, sich als solches fortzupflanzen; dem Menschen würde es möglicherweise schneller gelingen, die neue Art zu schaffen, wenn er Rackelcolonien isolirte. Es müsste nur erst durch den Zuchtversuch festgestellt werden, ob Rackelwild überhaupt unter sich fruchtbar sei. Dass in der Natur sonst Bastardirung eine der Quellen der Artneubildung sein kann, möchte ich kaum bezweifeln. Betrachtet man, um nur ein Beispiel herauszugreifen, die vielen auf Neu Guinea heimischen Papageienarten nebeneinander, so kann man diesen Gedanken kaum abweisen. Nilsson sagte in der 1. Auflage seiner Skandinavisk Fauna II p. 100 1824: „Mit allen theoretischen Gründen und Gegengründen kommt man zu keinem ausreichenden Resultat. Der einzige ausreichende Beweis für die Selbstständigkeit des Rackelhahns als Art ist noch übrig. . . . Sobald der aufgefunden und gehörig bekräftigt sein wird, werde ich einer der Ersten sein, den Rackelhahn für eine Art anzuerkennen. Er besteht darin, während der Paarungszeit eigene Balzplätze des Rackelhahns zu entdecken . . .", das will sagen: zu entdecken, dass er, gleichwie andere Waldhühner, eigene Hühner um sich versammle, welche er nach geschlossenem Balzen betritt."

Nun, wie bereits oben Seite 67 mitgetheilt, hat Kronprinz Rudolf einen Rackelhahn zusammen mit 2 Hennen in Nordböhmen gesehen und den Hahn erlegt. Auch theilte mir mein geehrter College Professor Fatio in Genf mit, dass er ein ausgestopftes Rackelhuhnpaar kenne, von einem glaubwürdigen Jäger im Canton Freiburg mit 4 oder 5 Jungen zusammen erlegt, welche letztere aber leider nicht aufbewahrt worden sind, und aus den vierziger Jahren liegt bereits eine Beobachtung von v. Menzer vor (nach Malm: Göteborgs Fauna 1877 p. 270), welcher eine Rackelhenne bei ihrem eigenen Neste mit 2 Eiern darin gefunden haben will.

Wenn Tetrao tetrix urogallus unter sich fruchtbar sein sollte, so wäre es müssig, über das Aussehen dieser Nachkommenschaft a priori zu speculiren. In dieser Beziehung beschränke ich mich darauf, eine Darwin'sche Erkenntniss (Entstehung der Arten 2. Auflage p. 287) anzuziehen: „Im Ganzen bin ich der Meinung von Dr. Prosper Lucas, welcher nach der Musterung einer ungeheueren Menge von Thatsachen bei den Thieren zu dem Schlusse gelangt, dass die Gesetze der Aehnlichkeit zwischen Kindern und Aeltern die nämlichen sind, ob beide Aeltern mehr oder ob sie weniger von einander abweichen, ob sie einer oder ob sie verschiedenen Varietäten oder ganz verschiedenen Arten angehören."

Viele gehen von der Voraussetzung aus, dass, da Birkhahn mit Auerhenne Nachkommenschaft erzielt, dieses auch zwischen Auerhahn und Birkhenne der Fall sein müsse. Allein ein solcher Schluss ist unerlaubt. Hier können nur Thatsachen reden. Ich habe oben von einigen Autoren angeführt, dass sie die fruchtbare Vermischung zwischen Auerhahn und Birkhenne für möglich halten, allein solcher Ansicht wohnt keine Beweiskraft inne. Es ist allerdings ein Unterschied, ob erfahrene Jäger, welche zugleich wissenschaftliche Schriftsteller sind, solche Ansichten aussprechen, oder ob sie ausgesprochen werden von Männern, welche nur das eine oder das andere sind, geschweige keines von beiden, aber alle guten a priori Gründe, welche zu Gunsten der Ansicht aufgeführt werden, können ebenso gut falsch sein, da wir die Gesetze der Fortpflanzung und Vererbung bis jetzt sehr wenig kennen. Noch neuerdings haben O. und R. Hertwig (Experimentelle Untersuchungen über die Bedingungen der Bastardbefruchtung 1885 p. 33) nachgewiesen, „dass in der Kreuzbefruchtung zweier Arten sehr häufig keine Reciprocität besteht", und „dass Arten, die in äusserlichen Merkmalen sich kaum von einander unterscheiden, sich nicht kreuzen lassen, während es zwischen relativ entfernt stehenden, verschiedenen Familien und Ordnungen angehörenden Arten möglich ist." Nun hat zwar Sterger (s. oben Seite 68) den Auerhahn die Birkhenne treten sehen und letztere legte post hoc auch Eier, diese Eier gingen aber zu Grunde; es müsste also erst bewiesen werden, dass sie propter hoc gelegt worden seien und, selbst wenn das bewiesen wäre, würde erst die Lebensfähigkeit der Nachkommenschaft die Frage entscheiden. Die Sterger'sche Beobachtung ist also fürs Erste nicht in die Discussion einzuführen.

Die Thatsächlichkeit einer fruchtbaren Vermischung zwischen Auerhahn und Birkhenne könnte aber auch aus dem Vorhandensein gewisser Formen von Rackelhähnen mit an Sicherheit grenzender Wahrscheinlichkeit zu erschliessen sein, und ich werde unten jene Fälle namhaft machen, welche eventuell eine solche Deutung erlauben.

Die zum Theil sehr grossen Unterschiede, welche wir, wie unsere Tafeln VIII—XII lehren, bei den verschiedenen Rackelhähnen finden, kehren scheinbar bei den Rackelhennen, welche nur geringere Unterschiede aufweisen, nicht wieder. Allein dieses liegt, meiner Ansicht nach, nur daran, dass Rackelhennen vielfach verkannt, aber auch als Hennen weniger erbeutet werden, und dass wir daher noch ein zu geringes Material in Sammlungen besitzen, um die Constanz in den kleinen Unterschieden aufzufinden.

Bei Bastardirungen mischen sich niemals alle Charaktere vollkommen, es wird vielmehr eine Art von Compromiss geschlossen. Was die Vererbung von Charakteren je nach dem Geschlecht anlangt, so nimmt man im Allgemeinen an, dass die männlichen Nachkommen mehr nach dem Vater, die weiblichen mehr nach der Mutter schlagen. Dieses würde auch, meiner Auffassung nach, im Grossen und Ganzen bei Tetrao tetrix urogallus zutreffen: Der Rackelhahn mit dem Birkhahntypus A schlägt mehr zum Birkhahn, die Rackelhenne mit dem kleineren, aber auerhennenähnlichen Brustschild mehr zur Auerhenne.

Darwin (Domestication II p. 85 1868) sagt: „Dr. Lucas kommt nach Abwägung der ganzen Zeugnisse zu dem Schlusse, dass jede Eigenthümlichkeit, je nach dem Geschlecht, in welchem sie zuerst auftritt, in einem grösseren oder geringeren Grade diesem Geschlecht überliefert zu werden strebt." Und p. 90: „So scheint es z. B. der Fall zu sein, dass bei der wechselseitigen Kreuzung verschiedener Rassen von Hühnern das Männchen allgemein die Farbe giebt; aber auffallende Ausnahmen hiervon sind unter meinen Augen vorgekommen."

Theoretisch lassen sich folgende Kreuzungen aufstellen:

1. Grades:

a. Auerhahn $\times$ Birkhenne = ?

b. Birkhahn $\times$ Auerhenne = Tetrao tetrix urogallus (Rackelhahn mit Birkhahntypus A).

2. Grades:

a. Auerhahn $\times$ Rackelhenne (T. tetrix urogallus) = ?

b. Rackelhahn (T. tetrix urogallus) $\times$ Auerhenne = ?

c. Rackelhahn (T. tetrix urogallus) $\times$ Birkhenne = ?

d. Birkhahn $\times$ Rackelhenne (T. tetrix urogallus) = ?

Dieselbe Reihe für das Rackelwild aus Auerhahn mit Birkhenne, wenn es existirt, d. i. Rackelhahn mit Auerhahntypus (Tetrao urogallus tetrix).

Für Kreuzungen 3. Grades, z. B. dem Product aus 2 b mit der Auerhenne, wird die Reihe schon so gross und complicirt, dass es nur verwirren würde, diese Formen hypothetisch zu betrachten.

Wenden wir uns daher zum Schlusse lieber zur Betrachtung der verschiedenen oben beschriebenen Rackelhähne, und wagen wir einen kurzen analytischen Versuch mit denselben. Fangen wir mit den von Tetrao tetrix urogallus abweichendsten Formen an:

Rackelhahn mit Birkhahntypus C.
(Tafel XI rechts, oben Seite 49.)

Ich halte es für möglich, dass dieser Rackelhahn aus Livland ein Product ist aus Tetrao tetrix urogallus mit der Birkhenne, also von 2 c. Einen Rackelhahn zwischen Birkhennen beobachtete von Krempelhuber im Nürnberger Reichswald (s. „Zoologischer Garten" 1881 p. 104). Die Grösse spricht dafür, denn er ist grösser als der Birkhahn und kleiner als Tetrao tetrix urogallus. Alle anderen Combinationen müssten grösser ausfallen, nur Birkhahn mit Tetrao tetrix urogallus-Henne könnte noch in Frage kommen, hiergegen spricht aber die Färbung, denn bei dieser Combination würde, so kann man voraussetzen, das Violett vorherrschen, nach Analogie des Productes aus Birkhahn mit Auerhenne, es würde auch der Stoss dem Birkhahnstoss in der Form noch näher stehen, während er bei dem Krüdener'schen Hahn demselben noch ferner steht, als der Stoss von Tetrao tetrix urogallus. Das Weiss an Wangen und Kehle bei dem supponirten Vater ist durch das Weiss der Birkhennenkehle noch vermehrt. Die grüne Farbe zu erklären, bin ich ausser Stande, aber wer hätte voraussagen wollen, dass Birkhahn mit Auerhenne einen violettbrüstigen Hahn erzeugen? Dass Tetrao tetrix urogallus und Birkhenne fruchtbar zusammen sind, ist nicht so unwahrscheinlich, da, wie Schroeder (Mitth. Orn. Ver., Wien 1880 p. 70) beobachtete, die Bastarde vom Haushahn und der Auerhenne sich fruchtbar mit Haushühnern fortpflanzten.

Rackelhahn mit Birkhahntypus B.
(Tafel XII rechts, oben Seite 54.)

Dieser Hahn aus dem Laibacher Museum ist mir der unverständlichste aller; nach Ausschluss anderer Combinationen, halte ich es nicht für unmöglich, dass es ein Nachkomme eines Tetrao tetrix urogallus-Hahnes mit ebensolcher Henne sei. Wenn Birkhahn mit Auerhenne einen violettfarbenen Hahn erzeugen, warum sollte dieser mit der braungelben Rackelhenne nicht einen bronzevioletten erzeugen können?

Rackelhähne mit Auerhahntypus C.
(Tafel XII, Mitte und links, oben Seite 51 und 53.)

Wenn bei diesen 2 Hähnen aus den Museen von Prag und Lausanne überhaupt eine Combination 2. und nicht 3. Grades vorliegt, so könnte nur 2 b in Frage kommen: Tetrao tetrix urogallus mit Auerhenne. Die Grösse steht zwischen dem supponirten Vater und dem Auerhahn, neigt aber mehr zu ersterem; der abgerundetere Stoss steht ebenso zwischen beiden; das auerhahnartige wiegt gegenüber dem birkhahnartigen vor im abgerundeten Stoss, in der Fleckenzeichnung desselben, im helleren Schnabel, in der Oberseite. Alle anderen Combinationen sind unwahrscheinlicher. Ebenfalls mögliche Combinationen 3. Grades entziehen sich, als zu complicirt, einer Analyse, welche bestrebt ist, sich von dem Boden des Thatsächlichen nicht zu sehr zu entfernen. Das Exemplar des Prager Museums stammt aus einem Revier, demjenigen nicht fern, auf welchem die Tafel X und XI abgebildeten Rackelhähne mit Auerhahntypus A und B erlegt wurden; ich werde gleich nochmals auf dasselbe zurückkommen.

Rackelhahn mit Auerhahntypus A.
(Tafel XI Hauptfigur, oben Seite 47.)

Ich halte dieses seltene vom Kronprinzen Rudolf in Nord Böhmen erlegte Exemplar nicht für eine Kreuzung 2., sondern für eine 3. Grades. Als 2. Grades könnte nur der Auerhahn mit der Rackelhenne (2a) in Betracht kommen, allein hiergegen spricht der kleine und nicht auerhahnartige Schnabel. Alle anderen Combinationen, welche durchzusprechen zu weitläufig wäre, kommen noch viel weniger in Frage. Dagegen würde die Annahme, dass es das Product einer Kreuzung vom Rackelhahn mit Auerhahntypus C (z. B. einem Hahn wie derjenige des Prager Museums) und der Auerhenne sei, vielen Charakteren des Vogels gerecht werden, z. B. auch des schon erscheinenden Grün an der Brust. (Wenn man meinen sollte, dass dieses Grün nicht durch die Auerhenne erworben werden könne, so weise ich auf die hahnenfedrigen Auerhennen, welche darthun, dass das Grün sozusagen in ihnen schlummert; überdies vererben sich ja auch sonst männliche Charaktere durch die Mutter.) Auf dem betreffenden Revier kommt nur Birkwild vor, eine Auerhenne war aber früher dort beobachtet worden, aus einem mehrere Stunden weit entfernten Auerwildrevier versprengt (s. oben Seite 67), und es würde sich daher die befürwortete Abstammung ungezwungen erklären:

Birkhahn $\times$ versprengter Auerhenne = Tetrao tetrix urogallus.

Tetrao tetrix urogallus-Hahn $\times$ angesiedelter Auerhenne = Rackelhahn mit Auerhahntypus C (wie Hahn des Museum Prag).

Rackelhahn mit Auerhahntypus C $\times$ angesiedelter Auerhenne = Rackelhahn mit Auerhahntypus A (Sammlung des Kronprinzen Rudolf).

Rackelhähne mit Auerhahntypus B.
(Tafel X, oben Seite 42).

Das Exemplar des Prinzen Philipp zu Coburg aus Nord Böhmen ist ein kleiner Auerhahn mit Rackelstoss, letzterer ist aber, wie die Maasse Seite 56 leicht ergeben, kein vollkommener Rackelstoss, sondern etwas abgerundet: Aeusserste Federn 21 cm, mittelste 23. Hier ist also die Annäherung an den Auerhahn schon sehr ausgesprochen. Ich halte es daher wohl für möglich, dass dieser Hahn ein Product sei aus dem Rackelhahn mit Auerhahntypus A $\times$ Auerhenne. Das Birkhahnblut ist so abgeschwächt durch viermalige Kreuzung mit der Auerhenne, dass die Rackelhahncharaktere dadurch auf ein geringes Maass zusammengeschrumpft sind. Dennoch lässt sich Manches hiergegen einwenden, z. B. die Kleinheit des Stosses (er ist kleiner als der des hypothetischen Vaters), aber der Fall entzieht sich schon sehr der Analyse. Eine andere Entstehungsgeschichte müsste den Auerhahn zu Hülfe nehmen. Da dieser auf dem Revier aber nicht heimisch ist, so müsste man einen versprengten annehmen, der sich mit einer Rackelhenne 1., 2. oder 3. Grades gepaart hätte, wenn nicht, was mir aber weniger wahrscheinlich vorkommt, mit einer Birkhenne. Ich wage über den Fall nicht zu speculiren.

Das Exemplar des Kronprinzen Rudolf aus Steiermark (s. oben Seite 44) hat noch weniger rackelartiges im Stoss, auf die mögliche Abstammung desselben lässt sich aber kaum näher eingehen, da es in Auerwildrevier erlegt ist. (Es werden bei Neuberg jährlich über 100 Auerhähne geschossen, s. Jagd-Zeitung 1885 p. 323.) War etwa ein Auerhahn der Vater, so müsste man auch eine Paarung mit einer Rackelhenne 1., 2. oder 3. Grades annehmen, d. h. einer Henne von Tetrao tetrix urogallus oder einer Rackelhenne mit Auerhahntypus C oder A. Auch könnte es das Product sein eines Hahnes wie der Coburg'sche mit einer Auerhenne. Es wäre müssig, diese Möglichkeiten durchsprechen zu wollen.

Von den oben Seite 71 hypothetisch aufgestellten Kreuzungen 1. und 2. Grades würden eventuell vorliegen:

1b. Birkhahn $\times$ Auerhenne (sicher) = Tetrao tetrix urogallus.

2b. Tetrao tetrix urogallus $\times$ Auerhenne = Rackelhahn mit Auerhahntypus C (Mus. Prag und Lausanne).

2c. Tetrao tetrix urogallus $\times$ Birkhenne = Rackelhahn mit Birkhahntypus C (aus Livland).

Es ist auffallend, dass 2d nicht vertreten ist, da eine Kreuzung des Birkhahnes mit der Rackelhenne (T. tetrix urogallus) a priori nicht unwahrscheinlich wäre. Ich glaubte auch einem solchen Bastard, welcher in Oesterreich erbeutet sein sollte, auf der Spur zu sein, musste aber leider in Erfahrung bringen, dass der ausgestopfte Vogel zu Grunde gegangen ist.

Ich brauche kaum zu versichern, wie wenig diese Erklärungsversuche mich selbst befriedigen, sie sind rein hypothetisch und können sehr viel Irriges enthalten. Jedenfalls lehren sie die unumgängliche Nothwendigkeit von Zuchtversuchen, wenn mehr Licht in dieses Dunkel dringen soll!

TAFEL XIV.

Bastarde zwischen Birk- und Schneehuhn.

Tetrao tetrix albus M.

Die Bastarde zwischen Birkhahn, Tetrao tetrix L., und Moorschneehenne, Lagopus albus (Gm.), sind seltener als diejenigen zwischen Birkhahn und Auerhenne, aber sie sind auch schon seit lange bekannt und kommen in Schweden, Norwegen und Russland vor. Auch hier sind es wieder die skandinavischen Ornithologen, welche zuerst darüber geschrieben haben.

Sparrmann nannte den Hahn bereits im Jahre 1788 (Mus. Carlson. III) Tetrao tetrix, Mas, varietas und bildete ihn (tab. 65) ab, wie es scheint, ohne seine Bastardnatur zu vermuthen. Dieses thaten aber Sommerfelt im Jahre 1795 (Topograph. Journ. for Norge Häft 14 p. 50) und Thunberg 1808 (Vet. Akad. Handl. Stockholm p. 195—196 tab. III), welcher ihn aber auch noch als T. tetrix var. aufführte. Nilsson beschrieb den Hahn im Jahre 1817 (Orn. suec. I p. 303) als „Hybridus a Tetrice patre et Tetr. subalpino femina" (subalpinus Nilss. = albus Gm.), 1824 (Skand. Fauna) als Tetrao Lagopoides und 1832 (Illum. Fig. till Skand. Fauna pl. 5) als Tetrao hybridus Lagopoides. (Nach Collett: Proc. Zool. Soc. 1886 p. 230 soll Sommerfelt jr. i. J. 1823 das Sommerkleid des Hahnes bekannt gemacht haben, allein aus der Beschreibung geht dieses nicht mit Sicherheit hervor.)

Naumann (Naturgesch. d. Vögel Deutschlands VI p. 332 1833) gab eine Uebersetzung der Nilsson'schen Angaben und fügte Einiges nach einem Hahn des Berliner Museums hinzu, bildete denselben auch als Titelbild zum VI. Bande ab. Gloger (Handb. d. Vögel Europas 1834 p. 532) nannte ihn Tetrao hybridus e Tetraone saliceti femina et T. tetrice, Nilsson neuerdings (Skand. Fauna 2 ed. 1835) Tetrao Lagopides, und als solchen behandelt er ihn sowohl, als auch die Bastardhenne und den jungen Hahn ausführlich in der 3. Auflage des citirten Werkes im Jahre 1858 p. 87. Die Henne soll (nach Sundevall) schon 1844 (Vet. Ak. Oefv. p. 80) beschrieben worden sein.

Sundevall benannte im Texte seines Werkes: „Svenska Foglarna" 1866 p. 255 den Bastard Tetrao lagopodi-tetricides, im Atlas dagegen (Pl. XXXIV F. 3 und 4) ist er mit T. hybridus: Tetrix-lagopides bezeichnet; er bildete zuerst die Henne ab. Lloyd (Game Birds of Sweden and Norway 1867 p. 136) bildete das Männchen ab und machte zuerst darauf aufmerksam, dass es doch zweifelhaft sei, ob dieser Bastard zwei Mal im Jahre mausere wie das Moorschneehuhn oder nur einmal wie das Birkwild, während alle Vorgänger ohne Weiteres angenommen zu haben scheinen, dass es auch bei diesem Bastard ein durchaus verschiedenes Sommer- und Winterkleid geben müsse, wie beim Schneewild.

Im Jahre 1872 benannte Collett (Forh. Vid. Selsk. p. 238) den Bastard Lagopus tetrici-albus und stellte zuerst die Ansicht auf, dass Lagopus albus der Vater und Tetrao tetrix die Mutter sei, er sagte aber selbst (p. 242): „For the theory of parentage here advanced there is indeed no positive proof." Die Abhandlung von Collett enthält sonst das Ausführlichste, was bis dahin über diesen Bastard geschrieben worden war und Dresser (Birds of Europe VII 1873 p. 213) nahm einen grossen Theil derselben wörtlich in sein Werk über. Lindblad, im Jahre 1873, bildete wiederum den Hahn ab: „Svenska Jägare förb. nya tidskr." vol. XI pl. 4. Der jüngere Brehm (Thierleben III p. 70 2. Auflage 1879) schloss sich Collett's Auffassung ebenfalls an. Dagegen behauptete Malm (k. Vetensk.-Akad. Förh. Stockholm 1880 p. 20), dass die ältere Ansicht unzweifelhaft die richtige sei, er nannte den Bastard (p. 30) Lagopotetrix lagopides. Bog-danow (Consp. av. imp. ross. 1884 p. 37) führte ihn unter der Bezeichnung Tetrao lagopodo-tetrix auf und erwähnt 5 Exemplare in den Petersburger Museen, 4 Männchen und 1 Weibchen. A. Wiebke beschrieb im Jahre 1885 (Journ. f. Orn. p. 394) 2 Männchen dieses Bastardes unter der Bezeichnung Tetrao lagopoides und vertrat auch die Collett'sche Auffassung bezüglich der Abstammung vom Schneehahn und der Birkhenne. Das Umfassendste endlich publicirte Collett im Jahre 1886 (Proc. Zool. Soc. p. 224—240 Pl. XXI und XXII), indem er zum Theil seine frühere Abhandlung wieder abdruckte und wiederholte „that for the theory of parentage here advanced (Schneehahn × Birkhenne) there is indeed no positive proof, and that it is an hypothesis which may be wrong." Diese Abhandlung ist in den Mitth. Ornith. Ver. Wien 1887 p. 74 übersetzt erschienen. Nach Collett seien 12 Exemplare aus Schweden bekannt, inclusive mehrere Hennen, 22 aus Norwegen, darunter 2 Weibchen; im Christiania Museum allein seien 14 Exemplare, davon 2 Hennen.

Mir standen 4 Exemplare zu Gebote, 3 Hähne und eine Henne, welche alle auf Tafel XIV abgebildet sind.

1) Als Hauptfigur links in ²/₃ natürlicher Grösse ein Hahn von Petrosavodsk in Nord Russ-land, welcher im December 1884 erlegt worden ist und der Sammlung der Herren Wiebke in Hamburg gehört. Er wurde mir freundlicherweise zum Abbilden dargeliehen und ist schon kurz im Journ. f. Orn. 1885 p. 395 von A. Wiebke beschrieben worden.

Gesammtcharakter: Unten weiss, oben schwarz vorherrschend. — Schnabelbefiederung schwarz mit feinen weissen Spitzchen. Wangenstreif und Scheitel schwarz mit weissen Spitzen. Zügelstreif, Umgebung des Auges und Augenbrauenstreif bis zum Nacken breit weiss. Ohr-deckfedern abwechselnd schwarz mit Weissgrau gebändert. Hinterhalsfedern schwarz mit breiten weissen Enden. Kinn weiss und schwarz. Kehle und Halsseiten rein weiss, die Federn mit dunkler Basis. Gurgelfleck schwarz, nach den Seiten herab die schwarzen Federn verdeckt, grau durchschimmernd. Ganze übrige Unterseite und untere Flügeldecken rein weiss. Rückenfedern schwarz mit grauen schwarzpunktirten Bändern verschiedener Breite. Schulterfedern schwarz mit weissgrauer und sehr dunkelbrauner Sprenkelung, Spitzenränder weiss, bei den langen Federn ziemlich gross. Unterrücken und weniger deutlich am Bürzel mit dunkelbrauner Querbindenzeichnung und sehr schmalen weissen Endsäumen an den Federn. Primärschwingen-Oberseite mit fast rein weissen Aussenfahnen, Innenfahnen schwarzbräunlich, weiss gesprenkelt, an der Spitze mit breitem weissen Saum. Zeichnung der Unterseite heller. Die 7. Schwinge kürzer als die erste. Secundärschwingen weiss, nach der Basis zu schwarzgrau gesprenkelt. Tertiärschwingen theilweise schwarz gesprenkelt mit grossem weissen Spitzenfleck, welcher sich am Kiel der Innenfahne weiter hereinzieht. Grosse Flügeldecken weiss, die vorderen auf der Aussenfahne schwarz, die mittleren schwarz mit brauner und grauer Sprenkelung und mit weissen keilförmigen Spitzen; die kleinen grösstentheils weiss. Stoss oben schwarz mit weissen Spitzenrändern, besonders breit (bis 4 mm) in der Mitte. Obere Stossdecken schwarz mit ebensolchen Spitzenrändern davor mit sehr dunkelbrauner schwacher Zeichnung. Stoss unten schwarz. Untere Stossdecken weiss. Tarsen weiss, schwärzlich gesprenkelt, Befiederung 15—18 mm lang.

2) No. 8374 des Dresdner Museums. Abgebildet auf Tafel XIV oben rechts der linke Vogel, stark verkleinert. Im Januar 1886 in Wermeland, Schweden, erlegt. Diesen Hahn überliess Herr Collett gütigerweise dem Dresdner Museum, er findet sich schon erwähnt in dessen Abhandlung Proc. Zool. Soc. 1886 p. 227.

Gesammtcharakter: Weiss, oben grau vorherrschend. — Nasenbefiederung schwarz mit weissen Enden. Stirnfedern weiss und braun gesäumt. Oberkopf schwarz, fein grauweiss gesprenkelt. Kinn und Gesicht schwarz mit weissen Spitzen; Ohrdecken schwarz mit grauen Binden, wodurch ein dunkler Längsstreif vom Kinn bis zum Nacken gebildet wird. Seitliche Unterschnabelbefiederung weiss. Ein breiter weisser Längsstreif hinter dem Auge nach dem Nacken zu laufend. Kehle, Vorder- und Seitenhals und ganze Unterseite weiss, bis auf ein schmales, tief schwarzes unregelmässiges Brustschild und grosse schwarze Flecken auf den Innenfahnen der inneren Körperseitenfedern. Ein grosser Theil der schwarzen Fleckenzeichnung ist verdeckt, besonders am Hals und an den Brustseiten, alle verdeckten Federbasen dunkler und ausgedehnter als beim Schneehahn. Hinterhals und ganze Oberseite schwarz, dicht hellgrau gesprenkelt, hier und da mit schwarzen (freigebliebenen) Flecken; durch die vorwiegend graue Färbung der Oberseite unterscheidet sich dieser Hahn von den beiden anderen. Primärschwingen bräunlich grau, auf den Innenfahnen grauweisslich fein melirt, auf der 1. Schwinge wenig ausgesprochen, auf der 2. nur an der Basis; die Aussenfahnen der ersten beiden mit weisslicher Längszeichnung, die nächsten beiden in der Mitte fast weiss, nach den Spitzen zu die graubraune Zeichnung dichter, so dass hier Graubraun vorherrscht; bei der 5. und 6. ist diese Zeichnung weniger ausgesprochen, bei der 7. die Aussenfahne einfarbig graubraun. Spitzensäume weiss, an den kürzeren allmählich breiter werdend. Die 1. Schwinge zwischen der 6. und 7., also die 7. kürzer als die erste. Secundärschwingen ebenfalls bräunlich grau mit weisser Sprenkelung, welche sich allmählich zu einem breiten Endsaum ausbildet. Tertiärschwingen ebenso, aber ausserdem mit einer breiten schwarzen subterminalen Querbinde, welche besonders bei den kleinen einige bräunliche kleine Fleckchen aufweist. Schulterfedern und manche Flügeldecken mit weissen Schaftstrichen; obere Flügeldecken zum Theil ganz weiss, zum Theil wie der Rücken, nur mit breiten weissen Enden. Unterflügeldecken weiss. Unterseite der Flügel glänzend grau, hell melirt. Stoss: Oberseite schwarz mit weissem Saum, bei den mittelsten Federn bis 3 mm breit. Basis spärlich weiss gesprenkelt. Unterseite glänzend schwarz mit weissem Saum, nach der Basis in Grau übergehend. Obere Stossdecken schwarz mit 5 mm breiten weissen Spitzensäumen, in der Mitte dunkelbraun und an den Rändern hellgrau gesprenkelt, die weissen Säume zum Theil schwarz punktirt. Unterstoss und Afterfedern weiss, lange (äussere) Körperseitenfedern zum Theil weiss, zum Theil spärlich schwarz punktirt. Hosen weiss. Tarsen und Zehenbefiederung schmutzig weiss, Tarsen vorn und aussen grau gezeichnet. Schnabel schwarz.

3) Ein Hahn von Helsingsfors, im December 1884 erlegt. Abgebildet auf Tafel XIV oben rechts, stark verkleinert. Auch dieser ist aus der Sammlung der Herren Wiebke in Hamburg und wurde mir gütigst für mein Werk geliehen; er ist bereits kurz im Journ. f. Orn. 1885 p. 395 von A. Wiebke beschrieben worden. Collett (Proc. Zool. Soc. 1886 p. 225) meint, es sei bemerkenswerth, dass bis jetzt das Vorkommen dieses Bastards in Finnland nicht bewiesen wäre; obiges Exemplar liefert diesen Beweis.

Gesammtcharakter: Schwarz und weiss, Oberseite mit brauner Zeichnung. — Schnabelbefiederung schwarz mit weissen Spitzen. Kopffedern schwarz, vor einer weissen eine undeutliche sehr schmale bräunliche Querbinde. Kinn, Wangen und Hinterhalsfedern schwarz mit weissen Endsäumen. Ohrdecken schwarz und weiss gebändert. Zügel, Augenbrauenstreif, Kehle und Brust rein weiss, die Federn mit dunkler verdeckter Basis. Vorderhals mit schwarzen, weiss gerandeten Federn untermischt, das Schwarz zum grössten Theil verdeckt. Bauch, besonders an den Seiten, mit schwarzen, sehr fein braun gesprenkelten Federn, welche Zeichnung bindenartig zusammenfliesst; die schwarzen Federn mehr oder weniger weiss an den Spitzen, zuweilen auch die ganze Aussenfahne weiss. Unterstoss und untere Flügeldecken rein weiss. Rücken, Bürzel und Oberstoss schwarz mit brauner, schmaler Bindenzeichnung und sehr feinen weisslichen Endsäumen an den Federn. Schulterfedern ebenso, aber zum Theil mit grossen weissen Endflecken, welche in der Mitte nach oben spitz zulaufen. Die kleinen Flügeldecken schwarz, theilweise weiss und dunkelbraun gesprenkelt mit weissen Keilflecken an den Spitzen. Die grossen Flügeldecken auf den Innenfahnen weiss, auf den Aussenfahnen schwarz mit graubraun melirter Zeichnung. Primärschwingen oben schwärzlich braun, unten grau, heller gesprenkelt; Oberseite der Aussenfahnen an der Basis weiss, dann weisslich gesprenkelt und an der Spitze weiss gerandet; Oberseite der Innenfahnen an den Spitzen breiter weiss gerandet und sonst fein grauweiss gesprenkelt. 7. Schwinge kürzer als die erste. Secundärschwingen oben grauschwarz, weiss gesprenkelt, sehr breit weiss gerandet, unten auch auf den Innenfahnen breit weiss. Tertiärschwingen schwarz, dunkelbraun gesprenkelt mit breiten weissen Enden, welche sich keilförmig nach der Mitte aufwärts ziehen. Stossoberseite schwarz, die mittleren Federn nach dem Ende zu mit sehr verwaschenen kaum bemerkbaren dunkelbraunen Binden und bis 4 mm breiten weissen Endsäumen. Unterseite ebenso. Die seitlichen Stossfedern nur mit schmalen weissen Endsäumen und Spitzen. Tarsen weiss mit dunkler Basis, Befiederung 1.5—2 cm lang.

4) Eine Henne, welche Herr Prof. Bogdanow in St. Petersburg die Güte hatte, mir aus dem Universitätsmuseum (No. 131) zum Abbilden zu leihen, er hat dieselbe bereits im Consp. av. imp. ross. 1884 p. 38 erwähnt. Sie stammt von Kola in Nord Russland (1865), und ist in ²/₃ natürlicher Grösse auf Tafel XIV rechts abgebildet. Herr Pleske vom St. Petersburger Akademischen Museum theilte mir mit, dass er dieses Exemplar seiner Rückenfärbung wegen für einen Bastard mit Lagopus alpinus halte.

Gesammtcharakter: Weiss mit braunen, schwarz gebänderten Federn untermischt, Hals mit Braun abgesetzt, Oberseite vorherrschend hellgrau. — Nasenbefiederung fein schwarz und weissfleckig, Basis der Federn bräunlich gelb. Kopffedern an der Basis bräunlich gelb, sonst schwarz mit weissem keilförmigen Spitzenfleck. Ein breiter Zügelstreif weiss, durch das Auge bis an den Hinterkopf sich fortsetzend, hier mit braungelben und schwarzen Federbasen. Wangen wie der Oberkopf, Ohrbefiederung einfarbiger braun. Die Kehle erscheint gelbschwarz quergestreift, dazwischen die Enden der Federn weiss. Gurgel einfarbig weiss, die verdeckten Federbasen gelbbräunlich. Nacken und Hinterhalsfedern gelbbräunlich mit schwarzen Querbinden und grauweissen Spitzen. Halsseiten und Vorderhals bräunlich gelb mit schwarzen Querbinden vor dem gleich breiten weissen Endsaum, welcher grau erscheint, wenn er auf der schwarzen Binde einer anderen Feder liegt. Die Brust erscheint im Ganzen weiss mit verdeckten grau durchscheinenden Querflecken. Die Federn, besonders den Brustseiten zu, sind bräunlichgelb, zum Theil weiss gefleckt mit schwarzbraunen, manchmal scharf im Zickzack gezeichneten Querbinden und breiten weissen Spitzen, welche die bunte Zeichnung überdecken. Die Oberseite bis zu den Schwanzdeckfedern erscheint im Ganzen grau melirt mit mehr oder weniger Gelb und Schwarz untermischt. Die verdeckten Theile der Federn sind bräunlichgelb mit schwarzen verschieden breiten Querbinden, die freie Spitze ist hellgrau mit schwarzbrauner Sprenkelung. Stossdecken schmal quergebändert, die mehr weissen Spitzen fast ungesprenkelt. Primärschwingen fahlbraun, Aussenfahnen fast ganz weiss, die ersten 2 mit länglicher fahlbrauner Zeichnung, wie auch die anderen an der Spitze. Innenfahnen mit feiner grauweiss gesprenkelter Zeichnung, die Spitzen weiss gesäumt. 7. Schwinge viel kürzer als die erste, und zwar steht die erste der 6. näher als die 7. Secundärschwingen weiss mit fahlbrauner Sprenkelung, welche in der Richtung der Tertiärschwingen dichter wird, die Spitzen aber in einer Breite von 1.5 cm frei lässt. Tertiärschwingen gelbbraun mit schwarzen Zickzackquerbinden und 1.5 bis 2 cm langen weissen Spitzen. Flügeldecken: die kleinen zum Theil ganz weiss, zum Theil mit schwarzbrauner und bräunlichgelber matter Zeichnung, die mittleren vor einer breiten weissen Spitze mit grau und braun gesprenkelter Zeichnung, die grossen wie die Tertiärschwingen. Schulterfedern wie die mittleren Flügeldecken. Unterflügeldecken weiss. Handschwingen auf der Aussenfahne weiss mit schwärzlichbrauner Sprenkelung, auf der Innenfahne fahlbraun und weniger gesprenkelt. Weichenfedern mit bräunlichgelber, schwarzer und weisser Querzeichnung und bis zu 2 cm breiten langen Spitzen. Bauch weiss, die fahlbräunlichen Basen der Federn ganz verdeckt. Stossoberseite schwärzlichbraun mit gelbbrauner unregelmässiger feiner Querzeichnung, welche am Ende eine an den äusseren Federn bis zu 2 cm breite Querbinde frei lässt, während sie an den mittleren fast bis ans Ende reicht. Bei den mittleren Federn herrscht die gelbbräunliche Zeichnung fast vor. Eine 5—6 mm breite weisse Saumbinde geht ganz durch. Bei zusammengelegten Steuerfedern sind die äusseren 1 cm länger als die mittleren, ausgebreitet scheint der Stoss gerade abgeschnitten. Unterseite des Stosses wie die Oberseite, aber mit weniger gelbbrauner Zeichnung, die Innenfahnen der 6 äusseren Federn fast ohne Zeichnung. Untere Stossdecken rein weiss, obere wie die mittleren Stossfedern, etwas lebhafter gezeichnet. Hosen weiss, Zehenbefiederung, welche bis zu den Nägeln reicht, schmutzig weiss, Tarsenbefiederung vorn mit sehr schmalen fahlbräunlichen Querbinden. Nägel dunkel hornfarben mit hellerer Spitze. Schnabel schwarz.

In der folgenden Tabelle findet man die Maasse obiger 4 Exemplare und daneben diejenigen der 4 auf Tafel XV abgebildeten Bastarde, welche ich unten bespreche; zum Vergleich dazu die Maasse von Birkhahn und -Henne und von Moorschneehahn und -Henne, letztere nach je 2 Exemplaren des Dresdner Museums.

Maasse:

Laufende Nummer No. des Dr. Mus. od. Slg. Vaterland Abbildung Muthmassliches Geschlecht	Birkhähne	Birkhennen	Moorschneehähne	Moorschneehennen	Birkhahn × Schneehenne				Schneehahn × Birkhenne			
					1 Wiebke Russld. T.XIV,l. männl.	2 8374 Schwed. T.XIV ob. männl.	3 Wiebke Finnland T.XIV ob. männl.	4 Petersb. Russld. T.XIV r. weibl.	1 7138 Russld. T.XV,l. männl.	2 Wiebke Russld. T.XV ob. männl.	3 Wiebke Russld. T.XV r. weibl.	4 Wiebke Russld. T.XV ob. weibl.
Schnabel vom culmen	2.95–3.4	2.5–2.6	2.45–2.65	2.1–2.3	2.6	2.55	3	2.4	2.7	3.15	2.8	3.15
Schnabel vor der Befiederg.	1.55–1.6	1.3–1.4	1.15–1.2	1	1.2	1.2	1.2	1.25	1.35	1.25	1.25	1.35
Schnabelbreite vor der Bef.	1–1.15	1–1.05	1	0.95	0.95	1	1.05	0.85	0.9	1	0.95	1
Schnabelhöhe vor der Bef.	1.25–1.3	1.15–1.25	1.05–1.1	1.05–1.1	1.15	1.1	1.1	1.05	1.1	1.15	1.05	1.2
Flügel	26–27	23.3–24.3	21.6–22	19.5–20.5	24.6	23.5	24.4	22.5	23.3	23.8	23.3	23.9
Längste äussere Stossfedern	22	12.6–13.7	12–13.6	11.5–11.7	16	14	14.5	12	12.6	12.6	12.3	12.6
Mittelste Stossfedern	11	9.7–10	12–13	11.5–11.8	12	11.9	12	11	10.6	11.1	9.3	9.5
Zahl der Stossfedern	18	18	16	16	18	18	18?	18	17	16?	17	18
Tarsen	5.5–5.6	4.7–5	4.3–4.6	4.1–4.2	4	5	4.4	4	4.5	4.8	4	4.3
Mittelzehe ohne Nagel	4.2–4.65	3.25–4	2.65–3	2.65–3	3.5	3.4	3.6	3	3.7	4.3	4.1	4.1
Nagel	1.1–1.5	1.2–1.3	1.8–1.85	1–1.45	1.55	1.65	1.1	1.7	1.5	1.55	1.3	1.25

Ich betrachte die oben beschriebenen 4 Vögel als Bastarde von dem Birkhahn mit der Moorschneehenne und schliesse mich damit der Meinung der schwedischen Ornithologen an; ich werde hierauf jedoch erst etwas näher eingehen, nachdem ich die muthmasslich aus der umgekehrten Vermischung hervorgegangenen Bastarde, welche auf der folgenden Tafel abgebildet sind, geschildert habe.

TAFEL XV.

Bastarde zwischen Schnee- und Birkhuhn.

Lagopus albus tetrix M.

Bastarde zwischen Moorschnechahn, Lagopus albus (Gm.), und Birkhenne, Tetrao tetrix L., sind erst kürzlich als solche angesehen oder erkannt und beschrieben worden. Henke publicirte im Januar 1885 zuerst in der Zeitschr. f. ges. Orn. p. 47 als Tetrao albo-tetrix Hybridus Fem. ein Exemplar des Dresdner Museums (No. 7138), und bildete es auf Taf. III daselbst ab, welches er anfänglich für einen weiblichen Bastard vom Birkhahn mit der Schneehenne ansah, während er es später (Z. f. ges. Orn. 1886 p. 269) eher aus Schneehahn und Birkhenne entstanden wissen will. Es ist auf Tafel XV links in $^2/_3$ natürlicher Grösse abgebildet. Im Mai desselben Jahres machte A. Wiebke ein Exemplar aus seiner Sammlung in Hamburg bekannt (Journ. f. Orn. 1885 p. 396), welches er „aus der umgekehrten Vermischung wie T. lagopoides entstanden" annimmt, und welches daher auch meiner obigen Kategorie angehören würde. Es ist auf Tafel XV, links oben, der rechte Vogel, verkleinert abgebildet. Allerdings steht Wiebke auf dem Collett'schen Standpunkt, als Eltern von T. lagopides Nilss. Schneehahn und Birkhenne anzusehen, und er hält daher den von ihm beschriebenen Vogel für ein Product aus Birkhahn und Schneehenne. Ich werde hierauf später zurückkommen.

Sonst hat, meines Wissens, kein Schriftsteller bis jetzt von der Möglichkeit wechselseitiger Kreuzung zwischen Birk- und Schneewild gesprochen, während dieses, wie wir oben sahen, bezüglich des Auer- und Birkwildes wohl geschehen, wenn auch nicht bewiesen ist. A priori lässt sich hierüber wissenschaftlich gar nicht raisonniren, denn „in der Kreuzbefruchtung zweier Arten besteht sehr häufig keine Reciprocität" (O. und R. Hertwig: Exper. Unters. üb. d. Bedingungen der Bastardbefruchtung 1885 p. 33).

Mir lagen von diesen Bastarden ebenfalls 4 Exemplare vor, anscheinend 2 Hähne und 2 Hennen, welche zusammen auf Tafel XV abgebildet sind.

1) Ein Exemplar aus dem Gouvernement Archangel (No. 7138 des Dresdner Museums). Abgebildet auf Tafel XV links in $^2/_3$ natürlicher Grösse. (S. auch Henke in Zeitschr. f. d. ges. Orn. 1885 p. 47 Tafel III.)

Gesammteindruck: Weiss, schwarz gefleckt mit braun abgesetztem Kopf und Hals; es erinnert durch Letzteres an das Hochzeitskleid von Lagopus albus L., bei dem das Braun jedoch dunkler und der Körper weiss, ist aber grösser.

Grundfarbe der Kopf- und Halsfedern hellbraun, Nasenbefiederung und unter dem Auge etwas dunkler rothbraun. Am Kopf, Hinterhals, den Halsseiten und der Kehle trägt jede Feder 2 ziemlich runde, hintereinander stehende schwarze Flecken, der äussere etwas breiter, mit bläulichem Schimmer und schmalem weissen Endsaum. Kinn und Vorderwange schmal schwarz gestrichelt, hinter dem Auge ein schwach angedeuteter, gelblichweisser Längsstreif. Nasenfederchen mit schmalen, schwarzen, hellgesäumten Enden. Die schwarze Zeichnung der braunen Federn des Unterhalses mehr bindenartig. Ganze Ober- und Unterseite weiss mit grossen schwarzen, lanzettförmigen, scharf zugespitzten Flecken, manchmal noch mit einem schwarzen Schaftflecken oder Streifen an der Basalhälfte der Federn, welche fast alle verdeckte Spuren von Braun an der Basis der Lanzettflecke tragen. Primärschwingen schwärzlich braun, Aussenfahnen zum grossen Theil weiss, erste und zweite Schwinge auf der Innenfahne in der Mitte und an der Spitze mit weisser Zeichnung, die 3. nur in der Mitte, die folgenden an der Basalhälfte weiss; Schäfte der 1. und 2. Schwinge bräunlich, an den anderen weiss mit dunklerer Spitze. Die 7. Schwinge ein wenig kürzer als die 1., die 6. bedeutend länger. Secundärschwingen weiss, jede Feder mit schwarzem Schaftstreif, welcher nach der Spitze zu keulenförmig anschwillt. Tertiärschwingen weiss an den Aussenfahnen mit einem halben schwarzen Lanzettfleck mit wenig bräunlicher Zeichnung. Obere Flügeldecken und Weichenfedern weiss mit langen schmalen scharf gezeichneten Lanzettstreifen. Schulterfedern ebenso, aber theilweise mit bräunlicher Zeichnung. Unterflügeldecken weiss, zum Theil mit schwarzen Längsflecken. Unterseite der Flügel weiss und grau lebhaft glänzend. Stoss weiss, die äussersten 4 Federn jederseits mit schwarzer 2.5—3 cm breiter Endbinde, basalwärts in einen tief schwarzen Schaftstrich verlaufend. Zwischen diesem Tiefschwarz und dem matteren Schwarz der Endbinde etwas braune Längszeichnung. Die äusserste Feder trägt auf der Innenfahne vor der Spitze einen weissen Querfleck, 5—6 mm lang und 10 breit, die vorletzte Feder ohne Fleck, die 3. mit schwacher Andeutung und am Kiel ausserdem nahe der Spitze ein weisses winkelförmiges Fleckchen, die 4. vor der Spitze mit schmaler unzusammenhängender weisser Binde, die folgenden weiss mit je einem grossen lanzettförmigen Kielfleck mit schwacher bräunlicher Randzeichnung. Ein 1 mm breiter Endsaum der Federn schwarzgrau. Stossunterseite ebenso, aber glänzend und das Schwarz matter. Obere und untere Stossdecken wie die Federn der Ober- und Unterseite des Körpers, nur mit noch etwas mehr verdecktem Braun in der Mitte. Die unteren Stossdecken erreichen das Stossende nicht. Bauchmitte schwärzlich, Aftergegend weiss mit schwärzlichen Federrändern. Hosen und Tarsenbefiederung weiss mit spärlicher graubrauner Sprenkelung. Die Tarsenbefiederung erreicht das 2. Glied der Mittelzehe.

2) Ein Exemplar aus dem Gouvernement Nowgorod in Russland, im Januar 1884 erlegt, auf Tafel XV links oben, der Vogel rechts, stark verkleinert abgebildet. Aus der Sammlung der Herren Wiebke in Hamburg, welche die Güte hatten, mir den Vogel zu leihen. A. Wiebke hat denselben bereits kurz (Journ. f. Orn. 1885 p. 396) beschrieben und scheint ihn für einen Hahn anzusehen (er war vom Sammler als Weibchen bezeichnet). Der Genannte hält diesen Bastard „für den bis jetzt noch nicht aufgefundenen von Birk- und Schneehuhn, welcher aus der umgekehrten Vermischung wie T. lagopoides entstanden sei, so dass demnach der Vater ein Birkhahn und die Mutter eine Schneehenne sein müsste". Die Wiebke'sche Sammlung enthält noch einen ähnlichen Vogel von Irkutsk, im Januar erlegt, welchen ich aber nicht gesehen habe.

Gesammtfärbung weiss, mit schwarzen oben und an den Seiten lanzettförmigen

Flecken, unten mit matten schwarzen Querbinden. Kopf und grösster Theil des Halses von der weissen Gesammtfärbung gelblich abgesetzt, an das Hochzeitskleid von Lagopus albus L. erinnernd. — Oberschnabelbefiederung oben schwarzbraun, nach den Seiten mit kleinen weissen Spitzen, Zügelstreif weisslich mit sehr feinen schwärzlichen Längsstrichen. Streif hinter dem Auge 7—8 mm breit weiss, Länge desselben 2.5 cm. Ohrdecken an der Basis heller bräunlich, an den Spitzen mit Schwarz und Weiss gezeichnet. Wangenfedern blassbräunlich mit schwarzer Berandung. Kopffedern schwarz mit blassbräunlichen Querbinden und Berandung und mit weissen Spitzen. Nacken und Hinterhalsfedern blassbräunlich mit schwarzem Endflecke und schmalem weissen Saum. Kinn weisslich, Kehle wie die Wangen, aber etwas heller. Vorderhals oben mit einer undeutlich gezeichneten weisslichen Querbinde, welche an beiden Seiten von schwärzlichen Fleckencomplexen begrenzt wird. Unterhals blassbräunlich mit schwachen schwärzlichen Endbinden. Seitliche Halsfedern an den verdeckten Basen grösstentheils weiss, an den sichtbaren Enden vor der Spitze mit schwarzer Querbinde versehen, welche nach der Basis zu gelb gesäumt ist. Oberrücken: Die weissen Federn tragen eine 5—6 mm breite schwarze Querbinde und einen circa 10 mm langen lanzettförmigen schwarzen Spitzenfleck; nach dem Mittelrücken zu werden diese Flecken länger und schmäler, auf den Schulterdecken noch mehr und gehen auf diesen in schmale, schwarze Kielstreifen über. Unterrücken, Bürzelfedern und obere Stossdecken mit schwarzen Lanzettflecken und hier und da bräunlicher Mittelzeichnung. Kleine Flügeldecken mehr weiss, die mittleren mit schwarzen zum Theil überdeckten Lanzettflecken, welche circa 5 mm von der Spitze zurücktreten. Grosse Flügeldecken nur mit schmalen schwarzen Kielstreifen, circa 1 cm von der Spitze zurücktretend. Primärschwingen weiss mit schwärzlichen Streifen an den Seiten der hellen Kiele und schwärzlichen Sprenkeln auf den Spitzen der Innenfahnen. Die 7. Schwinge gleich der 1. Secundärschwingen mit sehr schmalen schwärzlichen Kielstreifen nach der Spitze zu. Tertiärschwingen mit ebensolchen Streifen und schwarzen unregelmässigen Flecken auf der Aussenfahne, welche circa 1 cm von der Spitze zurücktreten, die innersten mit grösseren schwarzen Flecken auf beiden Fahnen. Unterflügeldecken rein weiss. Körperunterseite weiss mit schwarzer Quer- und Längszeichnung, welche erstere am Bauche dichter steht. Stossfedern an der Oberseite weiss mit einem schwarzen Schaftstrich an den Endhälften, auf den 2 äussersten Federn 8—10 mm vor der Spitze ein grosser schwarzer Querfleck, welcher bis an den Aussenrand reicht, auf den nächsten 3 kleinere und hauptsächlich auf den Innenfahnen, auf den mittleren fehlend, die Schaftstriche der mittelsten beiden bis 4 mm breit. An den äusseren Stossfedern die Innenfahne an der Spitze schwarz gerandet. Stoss unten weiss mit ähnlicher schwarzer Zeichnung. Unterstossdecken rein weiss. Beinbefiederung ebenso, circa 2—2.5 cm lang.

3) Ein Exemplar von Olonez in Nord Russland, im März 1886 erlegt und als Weibchen bezeichnet. Ebenfalls aus der Sammlung der Herren Wiebke in Hamburg, welche die Güte hatten, es mir zu leihen. Es ist auf Tafel XV rechts in ²/₃ natürlicher Grösse abgebildet.

Gesammtcharakter: Oberseite birkhennenartig, Unterseite weiss mit schwarzer, zum Theil verdeckter Längs- und Querzeichnung, Kopf und Hals gelbbraun abgesetzt. — Schnabelbefiederung auf der Schnabelfirste braun mit schmaler schwarzer Zeichnung, an den Seiten heller mit schwarzer und weisser Zeichnung. Zügel und Augenstreif durch weissliche Federspitzen gebildet. Stirnfedern mit weisslichen Spitzen. Kopf und Hinterhals hellbräunlich mit Schwarz gebändert, Vorderhals und an den Seiten mit weissen Endsäumen, welche an der Kehle einen mehr zusammenhängenden weissen Fleck bilden. Oberrücken birkhennenartig, Unterrücken und Bürzelfedern mit breiten, weissen, schwarz gesprenkelten Endsäumen. Stossdecken hellbraun mit schwarzen Querbinden und weissen Enden. Auf den Schulterfedern zwei Reihen grosser weisser Endflecke. Auf den grösseren Flügeldecken viel Weiss. Schwingen wie bei den Birkhennen, jedoch die 7. viel kürzer als die 1. Brustfedern mit schwarzen, gelbbräunlich abschattirten Querbinden. Die Federn der Unterseite mit schwarzen verdeckten Lanzettflecken, die oberen mit weisser Mitte. Mittlere Bauchfedern mit schwarzer Querzeichnung, seitliche weiss mit schwarzer Schaftzeichnung. Tarsenbefiederung weiss mit dunkler Basis, bis 1.5 cm lang. Stoss birkhennenartig, die Federn an den Spitzen mit breiten weissen Säumen, das Braun etwas heller. Stossunterseite mit fahlbrauner, weiss gesprenkelter Zeichnung an den Innenfahnen. Untere Stossdecken rein weiss, zum Theil mit schmalen schwarzen Schaftstrichen, welche bei den 2 längsten sich zu einem Fleck erweitern.

4) Ein Exemplar von Kasan in Ost Russland, im März 1884 erlegt und als Weibchen bezeichnet. Gleichfalls aus der Sammlung der Herren Wiebke in Hamburg, welche die Freundlichkeit hatten, es mir zu leihen. Es ist auf Tafel XV links oben, der linke Vogel, stark verkleinert, abgebildet. A. Wiebke hat es bereits (Journ. f. Orn. 1885 p. 396) kurz beschrieben, und sieht es für das Weibchen des auf meiner Tafel XIV abgebildeten Bastardes an.

Gesammtcharakter: Oben birkhennenartig, unten weiss mit schwarzen, meist verdeckten, lanzettförmigen Binden. Kopf und Hals gelbbraun abgesetzt. — Schnabelbefiederung röthlichbraun, nach den Seiten heller. Zügelfedern hellbraun mit schwarzen Fleckchen und weissen Spitzen. Augenbrauenstreif durch weisse Spitzen an den Federn gebildet und sich undeutlich bis zum Nacken verlängernd. Kopf und Halsfedern hellbräunlich mit schwarzer Querbinde und weissem Endsaum, ausgenommen an der Kehle, welche weiss ist, mit etwas Schwarz gesprenkelt. Oberrücken birkhennenartig lebhaft roth. Unterrücken und Bürzelfedern mit weissen, schwarz gesprenkelten Endsäumen, die grossen Stossdecken mit 5 schwarzen Querbändern und rein weissen Endsäumen. Schwingen birkhennenartig, die 7. viel länger als die 1. Die grösseren Flügeldecken und Schulterfedern weiss gefleckt. Am Hinterhalse ein weisses Band durch die 4 bis 5 mm breiten weissen Endsäume angedeutet. Brustfedern weiss mit schwarzem Mittelfleck und denselben umgebender kreisförmiger schwarzer Binde, welche dem Bauche zu eine spitzere Form annimmt unter Verschwinden des Mittelfleckes; ebenso an den Brustseiten. Unterflügeldecken weiss, zum Theil mit schwarzer Zeichnung. An den Bauchseiten rein weisse Federn mit schwärzlicher verdeckter Basis. Bauchmitte mit schwarzer Querzeichnung. Untere Stossdecken weiss mit schmalem kurzen schwarzen Schaftstrich nahe den Enden der Federn; sie überragen das Stossende um nur 5 mm. Stossoberseite birkhennenähnlich, nur mit zum Theil etwas fahlerer Färbung und sehr breitem (bis zu 1.5 cm) weissen Endsaum. Unterseite mit düsterem Braun gezeichnet und weisser Sprenkelung an den Innenfahnen. Tarsenbefiederung weiss mit dunkler Basis, circa 1 cm lang.

Die Maasse dieser 4 Vögel findet man oben Seite 80.

Allgemeine Bemerkungen über die wechselseitigen Bastarde zwischen Birk- und Schneewild.

Was ich auf Tafel XV als Bastarde zwischen Schneehahn und Birkhenne abgebildet habe, wurde bisher, mit alleiniger Ausnahme von Henke und A. Wiebke (s. oben), für partieller Albinismus gehalten, und in den Museen von Stockholm, Christiania und St. Petersburg, wie ich glaube, verkannt. Henke hat sich bereits selbst mit Erfolg gegen Collett's autoritative Bemerkung (Proc. Zool. Soc. 1886 p. 225 Anm. 1), dass der von ihm beschriebene und abgebildete Bastard ein Albino sei, welche Ansicht Herr Büchner vom St. Petersburger Museum mir gegenüber schriftlich ebenfalls mit Sicherheit aussprach, vertheidigt (s. Z. f. Ges. Orn. 1886 p. 267 und Proc. Zool. Soc. 1886 p. 419). Wie ein Blick auf die Maasstabelle oben Seite 80 zeigt, widerlegt schon die Zahl der Stossfedern, sowie deren Länge eine solche Ansicht bei diesem Exemplar, ebenso das Verhältniss der Primärschwingen: die 7. ist kürzer als die 1., wie beim Schneewild und nicht länger als die erste wie beim Birkwild (siehe oben Seite 18 u. 19). Diese positiven Charaktere beweisen, meiner Ansicht nach, allein schon unwiderleglich die Bastardnatur dieses Vogels, und es kommen noch dazu die von Henke schon geltend gemachten Eigenschaften der Gefiederfärbung, besonders die Regelmässigkeit der Zeichnung und das Vorhandensein von Schwarz an Stellen, wo die Birkhenne kein Schwarz hat, wie z. B. am Stoss. Ebenso die auffallenden scharf gezeichneten lanzettförmigen Flecke der Unterseite, welche die Birkhenne nicht besitzt, welche aber auch bei der Rackelhenne vorkommen (s. oben S. 59) und in beiden Fällen vielleicht die Bedeutung eines Rückschlages haben. Abgesehen von der ganz und gar nicht birkhennenartigen Stossform erreichen die unteren Stossdecken das Stossende nicht, während sie es bei einer albinotischen Birkhenne überragen müssten — kurzum die Collett'sche Auffassung scheint mir unhaltbar, es liegt hier ein unzweifelhafter Bastard vor.

Aus genau denselben Gründen würde der sub 2 Tafel XV beschriebene, dem vorigen sehr ähnliche Vogel nicht als partieller Albino der Birkhenne anzusprechen sein, falls dieses Jemand thun wollte.

Die ähnlichen Exemplare des Museums in Christiania, welche Herr Collett brieflich mir gegenüber namhaft gemacht hat, werden sich bei näherer Untersuchung daher auch als Bastarde ausweisen, wie auch diejenigen, von denen Bogdanow (Consp. av. imp. ross. 1884 p. 28) sagt: „Il est très-probable, que parmi ces variétés il y a des bâtards provenants du croisement entre le Coq de bruyère et le Lagopède blanc. Mais nous ne pouvons pas affirmer, que ce sont des bâtards, puisque leurs doigts ne sont pas emplumés" und (p. 38): „C'est très-possible, que quelques-uns de nos individus du T. tetrix, cités comme variétés accidentelles, sont aussi des bâtards des lagopèdes; mais ils ont conservés les doigts déplumés du T. tetrix." Gerade Letzteres spricht dafür, dass sie den auf unserer Tafel XV abgebildeten Exemplaren nahe stehen.

Die Bastardnatur der 2 anderen auf Tafel XV abgebildeten Vögel mit brauner Oberseite ist nicht mit ganz derselben Sicherheit zu erweisen, aber doch im höchsten Grade wahrscheinlich zu machen.

Es ist von Interesse, die Schwingenverhältnisse aller auf Tafel XIV und XV abgebildeten Vögel zusammenzustellen:

Bastarde zwischen Birkhahn und Schneehenne:

No. 1. 7. Schwinge kürzer als die 1. (Tafel XIV vorn links).

„ 2. 7. „ „ „ „ 1. („ „ oben rechts der linke Vogel).

„ 3. 7. „ „ „ „ 1. („ „ „ „ „ rechte „).

„ 4. 7. „ „ „ „ 1. („ „ vorn rechts).

Bastarde zwischen Schneehahn und Birkhenne:

No. 1. 7. Schwinge kürzer als die 1. (Tafel XV vorn links).

„ 2. 7. „ gleich der 1. („ „ oben links der rechte Vogel).

„ 3. 7. „ kürzer als die 1. („ „ vorn rechts).

„ 4. 7. „ länger als die 1. („ „ oben links der linke Vogel).

Bei dem Birkwild ist, wie gesagt, die 7. Schwinge länger, bei dem Schneewild kürzer als die 1., es kann also nur No. 4 der letzten Kategorie als partieller Albino der Birkhenne in Frage kommen. Bei No. 3 spricht schon die Zahl der Stossfedern (17) dagegen und der Umstand, dass die Unterstossdecken nur wenig das Stossende überragen, ganz abgesehen von der Regelmässigkeit der Zeichnung, den verdeckten schwarzen Lanzettflecken der Unterseite und dem abgesetzten Kopf und Hals, Charaktere, welche eine albinotische Birkhenne nicht aufweisen kann. Wenn nun auch bei No. 4 die 7. Schwinge sich so verhält wie bei der Birkhenne und sonst die Grösse des Vogels genau mit einer solchen stimmt, so lässt doch die der No. 3 ganz ähnliche Zeichnung die Annahme von Albinismus nicht zu, wie denn auch die unteren Stossdecken das Stossende nur um 5 mm, bei der Birkhenne aber um 15—20 mm überragen.

Aus ganz ähnlichen Gründen bin ich sehr geneigt, die auf Tafel V in ²/₈ natürlicher Grösse abgebildeten und Seite 24 und 26 beschriebenen 2 Vögel, Hahn und Henne, auch für Bastarde, wenn auch nicht ersten Grades, anzusehen, die Zeichnung, die Schwingenverhältnisse, die nicht vortretenden unteren Stossdecken sprechen dafür. Letzteres scheint auch bei dem von Harting (Zoologist 1885 Pl. I p. 41) abgebildeten ähnlichen Hahne der Fall zu sein. Und so sind auch die beiden auf Tafel V links oben abgebildeten und Seite 26 behandelten Hennen ihrer Schwingenverhältnisse wegen verdächtig, nicht reinen Blutes zu sein. Ich glaube in den ersteren beiden Vögeln Abkömmlinge des Bastards No. 1 und 2 Tafel XV mit der Birkhenne vermuthen zu dürfen, dieses würde alle Eigenthümlichkeiten erklären.

Wenn also die Bastardnatur aller auf Tafel XIV und XV abgebildeten Vögel feststeht, so gilt es zu untersuchen, welchen Eltern sie entstammen, und ob alle denselben. Fast sollte man wünschen, dass hier der Satz Geltung haben dürfte: „Toute recherche de paternité est interdite", denn ein jeder Schriftsteller, welcher diese Frage berührt hat, führte mehr oder weniger einseitig die Gründe auf, welche für seine Ansicht sprechen, und mit Gründen lässt sich trefflich streiten. Zwischen der von den Schweden, Naumann u. A. vertretenen Ansicht, dass die auf Tafel XIV abgebildeten Vögel den Birkhahn zum Vater und die Schneehenne zur Mutter haben, und derjenigen von Collett und Genossen vertretenen, dass es Abkömmlinge des Schneehahns und der Birkhenne seien, werden, glaube ich, nicht Gründe, sondern wird nur der Zuchtversuch entscheiden, und ich halte es daher für mehr oder weniger müssig, breit auseinander zu setzen, was für die eine und die andere Ansicht spricht; so enthalte ich mich denn auch einer Begründung meiner eigenen Annahme, weil ich die gegentheilige nicht entkräften und für die meinige auch nur Wahrscheinlichkeit in Anspruch nehmen kann.

Meine Annahme ist, dass die auf Tafel XIV abgebildeten Bastarde vom Birkhahn und der Schneehenne abstammen, wesshalb ich sie Tetrao tetrix albus nenne, und dass die auf Tafel XV abgebildeten vom Schneehahn und der Birkhenne erzeugt sind, wesshalb ich ihnen den Namen Lagopus albus tetrix beilege. Eine Kreuzvermischung hat A. Wiebke überhaupt zuerst und bis jetzt allein, so viel ich weiss, angenommen, wenn auch mit gerade umgekehrter Elternschaft, wie ich sie vermuthe. Bei Tetrao tetrix albus halte ich die schwarzweissen für Hähne und die grauweissbräunlichen für Hennen, worin alle Forscher übereinstimmen. Bei Lagopus albus tetrix sehe ich die weissen Vögel mit braun abgesetztem Kopf und Hals für Hähne an, die mit brauner Oberseite für Hennen. In Beziehung auf diese Hennen fühle ich mich aber am unsichersten, vielleicht liegen hier schon Bastarde nicht ersten Grades vor. In dieser ganzen wie in jeder anderen Frage werde ich eine Belehrung zum Besseren stets gern entgegen nehmen.

Bei beiden Arten von Bastarden würde die Befiederung der Füsse derjenigen der Mutter ähneln, und wenn man etwa annehmen sollte, dass die der Tafel XV Sommerkleider repräsentiren und aus diesem Grunde keine befiederten Zehen besässen, so spricht dagegen das bei dreien bekannte Datum der Erbeutung: Januar und März, wodurch dargethan ist, dass es Winterkleider sind. Bei beiden Arten von Bastarden hätten die Hennen die Stossform der Mutter, die Hähne mehr diejenige des Vaters geerbt, während die Zahl der Stossfedern bei beiden vom Vater beeinflusst schiene. Die Hauptfärbung der Hähne der Tafel XV wäre ein Erbtheil des Vaters und zwar des Hochzeitskleides, die der Hennen mehr ein Erbtheil der Mutter. Auch das viele Schwarz der Hähne von Tafel XIV wäre ein Erbtheil des Vaters. Eine gewisse Schwierigkeit böte scheinbar die Erklärung des in der Hauptsache weissen Stosses bei den Hähnen der Tafel XV, allein da der Schneehahn noch im Hochzeitskleide eine weisse Stossbasis, ferner zwei grosse weisse Mittelstossfedern und weisse Stossdecken hat, so wäre das Ueberwiegen des Weiss in dem Stosse des Bastardes plausibel zu machen.

Da das Schneewild verschiedenfarbige Sommerkleider und Winterkleider besitzt, das Birkwild nicht, so ist es a priori fraglich, wie es sich in dieser Beziehung mit den Bastarden verhält. Ich erwähnte oben schon, dass die meisten Autoren ohne Weiteres annehmen, die Bastarde besässen ähnliche Sommer- und Winterkleider wie das Schneewild. Zu einer solchen Annahme wäre man aber nur auf gute Gründe hin, welche noch fehlen, berechtigt. Die Hähne der Tafel XIV repräsentiren, wie das Datum ihrer Erbeutung: Januar und December ergiebt, alle Winterkleider, und ihre Differenzen müssen daher auf Altersdifferenzen oder auf Verschiedenheiten, wie sie Bastarde manchmal mehr oder weniger darbieten, gedeutet werden. Collett's Angaben lassen sich nach dieser Richtung hin nicht verwerthen, da er vielfach Bastarde für partielle Albinos angesehen haben dürfte. Drei von den auf Tafel XV abgebildeten Vögeln sind ebenfalls im Winterkleid, vom Januar und März, das Datum der Erbeutung des grossen Vogels links ist unbekannt. Ich kann daher Nichts über Sommerkleider aussagen, und es ist überhaupt noch Nichts darüber bekannt geworden. Ich zweifle aber nicht, dass die nordischen Museen hierauf Antwort geben können, nachdem in denselben die Bastarde von den Albinos werden getrennt worden sein. Was sich von dem Sommer- und Winterkleid des Schneewildes auf diese Bastarde überhaupt vererbt, wäre auch noch zu constatiren, abgesehen von der eben behandelten Frage. Mit einem grösseren Materiale, als mir zu Gebote stand, ist dieses gewiss zu präcisiren.

Collett bildet (Proc. Zool. Soc. 1886 Pl. XXII p. 231) 2 Jugendkleider (vom September und

October) ab; die schwarzen Stossfedern würden diese meiner ersten Kategorie zuweisen, aber ich kann hierüber nach der Beschreibung und Abbildung allein nicht mit Sicherheit urtheilen.

Bastarde zwischen Birkhuhn und Alpenschneehuhn.

Dass auch Bastardirung zwischen Tetrao tetrix L. und Lagopus mutus (Mont.) = alpinus (Nils.) vorkomme, halte ich für wahrscheinlich. Collett (l. c. p. 233) meint zwar: „A hybrid between Lagopus mutus and Tetrao tetrix is rather improbable, on account of the very different haunts of these species", allein dies soll sich wohl nur auf den Norden beziehen; in den Alpen, besonders den österreichischen, kommen beide Arten nahe bei einander vor. Graf Alfons Auersperg in Laibach (Krain) u. A. hat über die Thatsache, dass oft Birkhähne an den Balzplätzen der Schneehühner erscheinen, den folgenden interessanten Bericht gegeben (bei Rohr: Das Birkwild 1885 p. 12): „Einige meist weiss gefärbte Exemplare (von Birkhähnen) mögen Albinos sein, wie sie ja bei den meisten Thierarten vorkommen, die meisten jedoch dürften meiner Meinung nach durch Vermischung mit Schneehühnern entstanden sein. Ich hatte im vorigen Frühjahre selbst Gelegenheit zu beobachten, dass Schildhähne unter Umständen Schneehennen aufsuchen. Es war in den letzten Tagen des Mai 1882, als ich mich auf die Debela peč zur Jagd auf Schildhähne begab. Drei Morgen wartete ich vergebens auf einen Hahn, der bisher regelmässig seinen Balzplatz eingehalten hatte, im Schirme. Der Hahn meldete sich zwar täglich, doch bedeutend höher, folgte auf keine Stimme und überflog schon gegen drei Uhr noch höher. Ich versuchte es mit dem Anpürschen, doch war der Hahn immer in so freiem Terrain, dass ihm nicht beizukommen war. Am dritten Morgen ging es wie die beiden ersten. Um den schönen Tag nicht ganz nutzlos zu verlieren, ging ich auf den Debeli verh auf Schneehühner jagen und erlegte auch eines. Am Rückweg zur Jagdhütte, es war gegen 8 Uhr früh, erblickten ich und der Jäger eine Viper, welche regungslos neben einer Schneefläche lag. Wir wunderten uns über das frühe Vorkommen dieser Schlange, debattirten laut, ob sie lebend oder todt sei, dann führte ich mehrere Hiebe mit dem Stocke nach ihr und erschlug sie. Das ganze Gespräch wurde laut geführt, auch die Stockschläge machten ziemlich viel Geräusch. Als wir einige Schritte weiter gingen, flog plötzlich der sonst so scheue und vorsichtige Hahn auf und mit ihm zwei Schneehennen. Am Abende desselben Tages postirte ich mich in der Nähe dieses Ortes: der Hahn kam zugeflogen, war jedoch ganz still. Ich gab ihm die Stimme der Schildhenne, worauf er lebhaft zu rodeln begann; er war kaum 150 Schritte von mir in günstigem Terrain. Ich kam nahe an ihn heran und erlegte ihn; es war ein zweijähriger Hahn." Rohr beschrieb, wie ich vermuthe, einige der Bastarde zwischen Birk- und Alpenschneehuhn als Farbenvarietäten der Birkhenne (s. oben Seite 22); Pleske (s. oben Seite 78) nimmt für Russland ebenfalls solche Bastardirungen an.

Bastarde zwischen Moorschneehuhn und Alpenschneehuhn und zwischen Moorschneehuhn und Haselhuhn.

Collett (Proc. Zool. Soc. 1886 p. 236) beschrieb einen Bastard zwischen Lagopus albus und Lagopus mutus von Röros in Norwegen. Derselbe (l. c. p. 237) machte auch einen Bastard zwischen Bonasa bonasia und Lagopus albus von Jemtland in Schweden bekannt. Er äusserte sich über die muthmasslichen Eltern desselben aber mit einiger Reserve.

TAFEL XVI.

Bastarde zwischen Birk- und schottischem Schneehuhn und zwischen Birk- und Haselhuhn.

1) Bastard zwischen Birk- und schottischem Schneehuhn. Tetrao tetrix scoticus M.

Ein männlicher Bastard zwischen Tetrao tetrix L. und Lagopus scoticus Briss. wurde zuerst aus der Sammlung des Herrn Dresser in London von Collett im Jahre 1877 kurz beschrieben (Nyt Magazin for Naturv. Christiania vol. XXIII p. 163) und mit dem Namen Lagopus tetrici-scoticus belegt, indem er annahm, dass die Birkhenne die Mutter sei.

Ein zweites, ebenfalls männliches Exemplar beschrieb Malm sehr gründlich unter dem Titel: Ueber die Bastarde der Gruppe der skandinavischen Tetraoniden, speciell über eine neue Form derselben, Lagopotetrix Dicksonii (Oefvers. k. Vet.-Akad. Förh. 1880 p. 17—31 Stockholm); es war im December 1877 bei Gothenburg in Schweden erbeutet worden, wohin 1861 und 1862 schottische Schneehühner aus Schottland von den Herren Dickson importirt worden waren. Malm hielt den Birkhahn für den Vater.

Ausser den Abschnitten in den bekannten Werken von Gould, Elliot, Dresser u. A. findet man einen kleineren, gut orientirenden Aufsatz über Lagopus scoticus, das schottische Moorhuhn, in der Jagd-Zeitung 1885 p. 330, von Nellenburg.

Ein Bastard zwischen Lagopus scoticus und Lagopus mutus aus Sutherland, Nord Schottland, wurde von Newton in den Proc. Zool. Soc. 1878 p. 793 beschrieben.

Mir stand durch die Güte des Herrn Dresser das oben erwähnte Exemplar zu Gebote, und es ist dasselbe auf Tafel XVI rechts in $^2/_8$ natürlicher Grösse abgebildet. Es stammt aus Schottland und wurde im September 1876 auf dem Markte in London gekauft.

Allgemeiner Charakter: Aehnlich einem kleinen Rackelhahn, aber weniger lebhaft und mit kastanienbraun gewelltem Bauche. — Kopf, Vorderhals, Halsseiten und Brust schwarz mit dunkelvioletten glänzenden Rändern an den Federn. Stirn und mittlere Nasenbefiederung fein braun, seitliche Schnabelbefiederung fein weiss gespitzt. Bartfedern und Vorderhals mit zarten weissen Querlinien. Ohrdecken regelmässig grau gebändert. Kopf und Nacken grau und braun gebändert. Hinterhals matt schwarz, braun gebändert und an den Spitzen hellgrau gesprenkelt, derart, dass ein im Ganzen hellerer, circa 2 cm breiter Streif sich zum Rücken hinabzieht, hier

12

breiter werdend, an den Seiten von braun gewellten Federn begrenzt. Ganze Oberseite schwarz mit feiner brauner Zeichnung, die Federränder weissgrau gesprenkelt, welche Sprenkelung sich auf den Stossdecken verdichtet, so dass der Bürzel fast grau erscheint. Primärschwingen fahlbraun, die Aussenfahnen mit Ausnahme der ersten weisslich gestrichelt. Secundärschwingen etwas schwärzer, 1.5 mm breit weiss gerandet, die Fahnenränder der äusseren grauweiss, die inneren braun punktirt. Ohne jeglichen Flügelspiegel. Tertiärschwingen, mittlere und grosse Flügeldecken und Schulterfedern ziemlich gleich dem Rücken, nur feiner gezeichnet, die Flügeldecken an den Enden grauweiss gesprenkelt mit schmalen weissen Keilfleckchen, die langen Schulterfedern und Tertiärschwingen mit weissen 1 mm breiten Endsäumen. Die kleinen Flügeldecken schwärzer und mit vielen weissen Spitzen und Keilfleckchen. Flügelrand schwarz und weiss gebändert. Unterseite der Flügel grauglänzend. Unterflügeldecken weiss mit sehr spärlicher schwarzer Zeichnung. Unterbrust, Bauchseiten und Weichenfedern schwarz, kastanienbraun gewellt, die Bauchseitenfedern feiner gezeichnet mit weissgrauer Sprenkelung an den Spitzen, die Weichenfedern mit weissen Rändern. Bauchmitte fast schwarz mit einzelnen weissen Federrändern. Aftergegend weisslich. Stoss schwarz, die mittleren Federn sehr fein dunkelbraun gerieselt und mit schmalen weisslichen Endsäumen, die oberen Stossdecken ebenso, nur lebhafter und dichter braun gesprenkelt und mit breiteren und gesprenkelten grauweissen Säumen. Stossunterseite glänzend schwarz. Untere Stossdecken schwarz, spärlich dunkelbraun gezeichnet, mit weissen Enden. Hosen schwarz, mit Weiss an den Seiten gebändert. Tarsenbefiederung grauweiss, fein graubräunlich gebändert. Schnabel schwarz. Füsse dunkelbraun, 2 Zehenglieder deutlich befranst. Rose ziemlich glatt, Kamm papillär.

In der folgenden Tabelle sind die Maasse gegeben, zusammen mit denen des ebenfalls auf Tafel XVI abgebildeten Bastardes zwischen Birk- und Haselhuhn, und zum Vergleiche daneben diejenigen von Lagopus scoticus, Bonasa bonasia und Tetrao tetrix:

Bezeichnung Geschlecht .	Tetr. ✕ Scot. M.	Scotic. M.	Scotic. W.	Tetrix M.	Tetrix W.	Tetr. ✕ Bon. M.	Bonas. M.	Bonas. W.
Schnabel v. culmen in gerader Richtung	2.35	2.1	2.05	2.95–3.4	2.5–2.6	2.5	2	2.1
Schnabel vor der Befiederung .	1.25	0.9	0.9	1.55–1.6	1.3–1.4	1.25	1	1.05
Schnabelbreite vor der Befiederung .	1	0.8	0.8	1–1.15	1–1.05	1.05	0.8	0.8
Schnabelhöhe vor der Befiederung .	1.1	1	0.9	1.25–1.3	1.15–1.25	1.1	0.8	0.8
Flügellänge .	25	21.5	19.8	26–27	23.3–24.3	22.1	16.7	16.6
Längste Stossfedern .	15.3	10.8	10	22	12.6–13.7	15.4	11.8	10.5
Mittelste Stossfedern .	13	11·	10.1	11	9.7–10	12.5	12	11.3
Zahl der Stossfedern	18	16	16	18	18	18	16	16
Stoss unbedeckt oben	1.2	0.6	0.5	c. 1.5	1.5–1.8	3.5	5	4.3
Stoss unbedeckt unten	0.2	1.5	1.4	0 *	0 **	?	3.2	3
Tarsenlänge .	4.7	4	3.6	5.5–5.6	4.7–5	3.9	3.2	3.1
Mittlere Zehe ohne Nagel .	4.2	2.9	2.8	4.2–4.65	3.25–4	3.8	3	3.3
Nagel .	1.8	1.7	1.6	1.1–1.5	1.2–1.3	1.3	1.1	1
Hinterzehe ohne Nagel .	1.05	0.5	0.6	1.1	0.6	0.85	0.7	0.7
Nagel	1.25	1.1	0.8	0.8	0.6	0.8	0.4	0.6

* Die Unterstossdecken überragen das Stossende um 1.5—3 cm.

** Die Unterstossdecken überragen das Stossende um 1.5—2 cm.

Die Schwingenverhältnisse sind die folgenden:

Tetrao tetrix scoticus: 7. kürzer als 1.

Lagopus scoticus: . 7. kürzer als 1.

Tetrao tetrix:. . 7. länger als 1.

Ich halte, allerdings ohne es beweisen zu können, mit Malm den Birkhahn für den Vater, die schottische Schneehenne für die Mutter, und habe den Bastard demgemäss Tetrao tetrix scoticus genannt. Ein Zuchtversuch würde auch hier entscheiden. Bis jetzt ist dieser Bastard sehr selten beobachtet und noch nicht abgebildet worden.

2) Bastard zwischen Birk- und Haselhuhn. Tetrao tetrix bonasia M.

Dresser erwähnte im Jahre 1876 (Proc. Zool. Soc. p. 345), ohne ihn zu beschreiben, einen solchen männlichen Bastard, welcher sich im Besitze des Herrn John Fowler in London befand. Er war im März auf dem Markte gekauft worden, stammte aus Norwegen, und war unbedeutend schwerer als eine Birkhenne. Dresser hielt Haselhahn und Birkhenne für die Eltern.

Bogdanow (Consp. av. imp. ross. 1884 p. 36) beschrieb zuerst unter dem Namen Tetrao bonasio-tetrix zwei Männchen aus der Nähe von St. Petersburg, welche im September 1860 von Herrn Andreiewsky erlegt worden waren. Er sagt u. A.: „En général la coloration des plumes conserve le type de la gélinotte, mais les couleurs sont plus foncées; le brun remplacé par le noir; le cendré plus foncé; presque pas de roux. Les caractères plastiques au contraire ont conservé le type du T. tetrix."

Herr Pleske vom St. Petersburger Akademischen Museum theilte mir im Jahre 1885 mit, dass in den St. Petersburger Sammlungen 2 Männchen und 3 Weibchen dieses Bastardes seien; es gelang mir jedoch nicht, von dort ein Exemplar zu erhalten, oder etwas Näheres über dieselben zu erfahren.

Herr Collett berichtete mir im Jahre 1886, dass im Museum von Christiania kein Exemplar vorhanden sei.

Durch Herrn Lindner in Salzburg, Leibjäger des Grossherzogs von Toscana, erfuhr ich zu derselben Zeit, dass ein solcher Bastard in jener Gegend vor kurzem erlegt sei; das Exemplar war aber verkauft worden und nicht mehr ausfindig zu machen.

Durch die gütige Vermittlung des Herrn Dresser erhielt ich das s. Z. von ihm erwähnte Männchen geliehen, und konnte das seltene Stück daher auf Tafel XVI in ²/₃ natürlicher Grösse abbilden.

Gesammteindruck: Aehnelt Canace canadensis (L.) von Nord Amerika in Färbung und Zeichnung; der Stoss erinnert an den des gewöhnlichen Rackelhahnes. — Geschopft wie das Haselhuhn, grösste Länge der Federn auf der Kopfmitte über 3 cm. Nasenbefiederung schwarz, in der Mitte mit rostbraunen Spitzen, an Zügel und Stirn schwarz und weiss. Kopffedern bräunlich grau mit schwarzem Kielstreif und schwarzer Basis. Rose schwach entwickelt; über derselben ein schmaler schwarzer Streif. Hinter dem Auge ein schwarzgesäumter weisser Längsfleck, darunter eine kahle Stelle. Unter dem Auge ein schmaler weisser Streif als Verlängerung der weissen Zügelfedern. Ohrdecken schwärzlich, grau gewellt. Kinn, Wangen und

12*

Kehle bilden einen 3.5 cm langen zusammenhängenden schwarzen Fleck mit schwach violett glänzenden Federrändern, welcher Fleck von einem weissen, 1 cm breiten Halsbande eingesäumt ist. Kropf und Halsseiten schwarz mit weissen, 2—3 mm breiten Federrändern. Hinterhals fein graubräunlich melirt, Mantel, Rücken, Bürzel und obere Stossdecken ebenso, aber etwas gröber, verdeckte Federbasen brauner. Primärschwingen fahlbraun mit weiss gezeichneter Aussenfahne, und mehr nach der Spitze zu mit graugelb gesprenkeltem Innenrande. Schäfte fahlbraun. Die 7. Schwinge ein wenig länger als die 1. (beim Hasel- und Birkwild ist die 7. noch länger). Secundärschwingen graubraun mit bräunlichweisser Zeichnung auf den Fahnenrändern und mit 1.5 mm breiten, weisslichen Endsäumen. Basalhälfte weiss, einen deutlichen, aber verdeckten Spiegel bildend. Kiele dunkel. Tertiärschwingen bräunlicher, auf der Innenfahne und Spitze mehr grauweiss gezeichnet mit weissen 2 mm breiten Endsäumen. Grosse und mittlere Flügeldecken reiner grau gezeichnet mit weissem keilförmigen Spitzenfleck, die kleinen schwärzlich braun mit hellerer Berandung. Unterseite der Flügel glänzend grau. Unterflügeldecken grösstentheils weiss. Schulterfedern braun, schwarz gesprenkelt und gebändert. Die langen Schulterfedern auf der Aussenfahne mehr grau gezeichnet und mit grösserem weissen Spitzenfleck. Brustfedern schwarz mit weissen 1.5—3 mm breiten Endsäumen und verdeckter brauner Federzeichnung. Bauchfedern schwarz mit weisser breiter Bindenzeichnung und weissen Längsstreifen und Endsäumen. Weichenfedern und Brustseiten wie der Bürzel, aber hier und da mit weisser Bindenzeichnung und weissen Schaftstrichen. Afterfedern schmutzig weiss. Stoss bräunlichschwarz mit weissgrauer Sprenkelung, welche sich an den seitlichen Federn fast verliert, die mittleren zwei ganz und die folgenden zwei bis auf einen rein schwarzen subterminalen Mittelfleck bedeckt. Die äussersten zwei Federn jederseits nach auswärts gebogen und auf der Aussenfahne brauner. An allen Stossfedern ein 2—3 mm breiter trübweisser Endsaum. Stossbasis an den mittleren Federn auf den Aussenfahnen weiss gefleckt. Stossunterseite graubräunlichschwarz glänzend mit weisslichen Endsäumen, die mittleren Federn hell gesprenkelt, die äusseren vier jederseits an der Basis auf der Innenfahne weiss. Untere Stossdecken schwarz, an den Enden weiss. Hosen fahlbraun mit weissen Enden an den Federn. Tarsen graubraun, wenig dunkler gebändert, an den Spitzen weisslich; hintere Tarsenfedern sehr lang (3 cm). Füsse braun, lang befranst; die Befiederung erreicht das erste Zehenglied. Schnabel braunschwarz.

Die Maasse sind bereits oben Seite 90 angeführt.

Ich halte den Birkhahn für den Vater und die Haselhenne für die Mutter, wenn ich es auch nicht beweisen kann, und habe den Bastard daher Tetrao tetrix bonasia genannt. Er ähnelt dem Birkhahn durch den Schnabel, den violetten Schimmer am Kehlfleck, das viele Schwarz an der Unterseite, durch Farbe und Form (Krümmung) des Stosses, durch die starke Zehenbefransung. Er ähnelt der Haselhenne in der Zeichnung des Kopfes und Halses, durch die Haube, durch die Keilflecke auf den Flügeldecken, durch die Zeichnung auf dem Stosse (Rieselung und Endsaum). Er ist in jeder Beziehung ein Gemisch vom Vater und der Mutter. Vergleicht man ihn mit Haselhahn und Birkhenne, so findet man weniger Uebereinstimmung. Nun könnten sich zwar Birkhahncharaktere auch durch die Birkhenne vererben und Haselhennencharaktere durch den Haselhahn (wie z. B. der gewöhnliche Rackelhahn grösser ist als beide Eltern, er muss daher seine Grösse vom Auerhahn, durch die Auerhenne vermittelt, geerbt haben), allein mir erscheint die angenommene Kreuzung plausibler.

TAFEL XVII.

Bastard zwischen Birkhahn und Edelfasan.

Tetrao tetrix colchicus M.

Bastarde zwischen Tetrao tetrix L. und Phasianus colchicus L. sind aus England schon häufig beschrieben worden. Bereits länger dort bekannt, wurde der Bastard als solcher aber erst im Jahre 1833 von Herbert (in White's History of Selborne 8° ed. p. 344 mit Abbildung) erkannt. Ferner beschrieben Exemplare: Sabine (Proc. Zool. Soc. 1834 p. 52) und Eyton (l. c. 1835 p. 62), letzterer ein Weibchen, welches, wie die anderen, den Fasanhahn zum Vater, die Birkhenne zur Mutter gehabt haben soll; er bildete dieses auch in seiner „History of the Rarer British Birds" 1836 als Titelvignette ab. Thompson (Magazine of Zool. and Bot. I p. 450 1837) machte ein viertes Exemplar bekannt, und meinte, dass ebensogut der Birkhahn der Vater und die Fasanhenne die Mutter gewesen sein könne. Es würde zu weit führen, wollte ich alle bereits beschriebenen Fälle hier erwähnen. Spicer (Proc. Zool. Soc. 1851 p. 61) spricht zuerst von einem Männchen als zweifellosem Product aus Birkhahn und Fasanhenne. Briggs (The Zoologist 1854 p. 4253) nennt schon 14 bekannte Exemplare, Spicer (ibid. p. 4294) 15. Ausführlicheres über einige derselben findet man in Yarrell's: British Birds (4° ed. von Saunders III p. 69—72 1882 mit Abbildung), woraus auch hervorzugehen scheint, dass Abkömmlinge der wechselseitigen Kreuzung in England vorgekommen sind.

Das erste Exemplar dieses Bastardes auf dem Continent Europa's wurde, so viel ich weiss, aus Böhmen bekannt. Dieses durch seinen auffallenden Bronzeschimmer merkwürdige Stück ist, ein Männchen, im Jahre 1886 bei Zelč unweit Tábor vom Grafen Johann Harrach erlegt worden und ziert jetzt das Prager Museum. Fritsch (M. O. Ver. Wien 1886 p. 98 mit Abb. und Vesmír 1886 p. 173 mit Abb.) hält den Fasan für den Vater, die Birkhenne für die Mutter desselben. Man findet es auf Tafel XVII in $^3/_4$ natürlicher Grösse abgebildet, nachdem das Prager Museum mir dasselbe zu diesem Zwecke liberalerweise zur Verfügung gestellt hatte. Ich neige eher zu der Ansicht, dass der Birkhahn der Vater, die Fasanhenne die Mutter desselben gewesen sei, ohne aber dass ich dieses stricte beweisen könnte.

Allgemeiner Charakter: Rackelhahnartig mit fasanartigem Schwanz und ebensolchen Beinen und Bronzeschimmer wie beim Laibacher Rackelhahn. — Kopf, Hals und ganze Unterseite metallisch violett glänzend, Unterseite weniger lebhaft, schwärzlich, in gewissem Lichte, besonders wenn dieses von hinten einfällt, überall mit bronzebraunem und olivengrünen Glanze. (Der Bronzeschimmer bei dem Edelfasan ist auch nur zu sehen, wenn das Licht von hinten einfällt; von vorn ist er grün.) Die Basis und der grösste Theil der Federn schwarz, auf dem Scheitel und Hinterkopfe bräunlich gerandet, auf der Ohrgegend und an den Halsseiten etwas herab mit verdeckten weissen Flecken und Mittelbinden, die Federn auf Brust und Vorderhals mit 5—6 mm breiter violett metallischer Endbinde, welche nach innen zu schmal bronzefarben gesäumt ist, auf den Brustseiten zum Theil mit verdeckten hellen Schaftstrichen, Binden und Flecken. Aussenfahnen der Weichenfedern gelblich graubraun und heller gebändert und an den Enden düster bräunlich. Bauchmitte mit wenigen hellen Spitzenflecken. Die violett metallischen Federränder erstrecken sich auf der Oberseite des Vogels bis auf die mittleren Schwanzdecken, nach hinten weniger ausgesprochen, auf dem Mantel fast fehlend. Die Federn des Oberrückens mit gelbgrauen, unregelmässigen Zickzackrändern, dazwischen auch mehr oder weniger grosse helle Flecke; dem Bürzel zu wird diese gelbgraue Zeichnung sehr fein, so dass manche Federn wie fein gesprenkelt aussehen. Auf den Stossdecken ist die gelbgraue Färbung vorherrschend, an den Spitzen der grossen Stossdeckfedern mit braunem Anflug. Grundfarbe der Primärschwingen schwarzbraun, Aussenfahnen mit grauweisser Zeichnung. Innenfahnen wenig dunkler gesprenkelt, neben dem Schafte ein Streif von 4 mm, sowie die innere Spitze der 3 ersten Schwingen einfarbig schwarzbraun. Die Secundär- und Tertiärschwingen schwarz mit graugelblicher unregelmässiger Querzeichnung, auf der Innenfahne mehr grau gesprenkelt, Endsäume 1—1½ mm breit einfarbig graugelb. Die Flügeldeckfedern graugelblich melirt mit centralen schwarzen Keilflecken und zum Theil hellen Schaftstrichen; die Schulterdeckfedern ebenso mit heller ausgezackter Mittelquerbinde. Unterseite der Flügel glänzend grau, heller gesprenkelt; die grösseren Unterflügeldecken mit breiten weissen Enden, die kleineren ganz weiss. Stossfedern, 18 an Zahl, oben mit schwärzlicher Grundfarbe und graugelber unregelmässiger Querzeichnung, auf den mittleren Federn einige (bis 10) deutliche schwarze Querbinden freilassend. Das distale Ende der seitlichen Stossfedern einfarbig schwarz, zum Theil mit schmalen hellen Endsäumen. Der Endsaum der mittleren 2 Stossfedern bis zu 4 mm einfarbig gelbgrau. Unterseite der Stossfedern mit etwas bräunlicher Grundfarbe, ausgenommen einen 3 cm breiten einfarbigen Endsaum mit hellen Spitzenrändern, hellgrau ziemlich grob gesprenkelt. Afterfedern schwarz mit hellen Querbinden. Unterstossdecken schwarz mit schon kastanienbraunen Querbinden an der Spitze; eine dieser Federn am Ende gelblicher und mit einem schwarzen Keilfleck in der Mitte. Hosen schwarz mit gelbgrauen Querbinden. Tarsen einfarbiger graugelb. Zehen nicht gefranst. Oberschnabel, Unterschnabelspitze und Füsse dunkelbraun, Unterschnabelbasis gelblich. Kamm über dem Auge und Flecke hinter demselben warzig und roth. Unter dem Auge weisse Federchen mit schwarzen Enden. Schnabelbefiederung schwarz mit geringem violetten Schimmer.

Maasse:

Bezeichnung	Birkhahn	Birkhenne	Fasanbastard	Fasanhahn	Fasanhenne
Schnabel vom culmen in gerader Richtung	2.95–3.4	2.5–2.7	3.7	3.6	3.2
Schnabellänge vor der Befiederung .	1.5–1.6	1.3–1.4	1.9	2.3	1.9
Schnabelbreite vor der Befiederung .	1–1.15	1–1.05	1.2	1.15	1.1
Schnabelhöhe vor der Befiederung	1.25–1.30	1.15–1.25	1.3	1 35	1.15
Flügellänge	26–27	23.5–24.3	27–28	25.5	23
Mittelste Stossfedern	11	9.7–10	23	46	28
Aeusserste Stossfedern	22	13–13.7	14–15	10.8	10.8
Tarsen .	5.5–5.6	4.7–5	6.5	6.3	5.5
Mittelzehe ohne Nagel	4.2–4.65	3.25–4	5.9	5.3	4.7
Nagel	1.1–1.5	1.2–1.3	1.3	1.3	1.3

Auch die Maasse scheinen mir dafür zu sprechen, dass hier der Birkhahn der Vater, die Fasanhenne die Mutter gewesen ist. Ich habe den Bastard demgemäss Tetrao tetrix colchicus genannt.

Anderweite Bastarde des Auer- und Birkwildes.

Von einer fruchtbaren Bastardirung zwischen Auerhahn und Truthenne (Meleagris gallopavo L.) ist von Beckmann (Tidskrift for Jägare I p. 305 1832) berichtet worden. Die Jungen starben aber, als sie die Grösse gewöhnlicher Hähne erreicht hatten. Beckmann erzählt auch, dass derselbe Auerhahn Neigung zu einer weissen Gans an den Tag legte, welche ihn aber verschmähte.

Eine Reihe von Fällen fruchtbarer Vermischung von Birkhähnen mit Haushennen führt Lloyd (Game birds 1867 p. 82) auf; die Abkömmlinge derselben waren zum Theil fruchtbar, doch sind die Details nicht immer genau genug angegeben, um eine weitere Besprechung zu verdienen. Auch in der „Gefiederten Welt" 1886 p. 100 ist ein solcher Fall berichtet worden.

Schröder (Mitth. Orn. Ver. Wien 1880 p. 70) theilte mit, dass er männliche und weibliche Bastarde zwischen einem Haushahn und einer Auerhenne gezüchtet habe, welche mit Haushähnen und Haushennen wiederum Junge zeugten.

Derselbe Autor (l. c. p. 69) züchtete in Christiania Junge vom Birkhahn und der Silberfasanhenne, welche aber bald starben.